Cómo ser modelo, Vol. 1

Rafael "Tato" Morales

Cómo ser modelo, Vol.1

Primera edición por Ediciones Rainer, 2016.

Madrid - España

Ficha bibliográfica

Morales, Rafael

Cómo ser Modelo, Vol.1. Aprende a usar sitios como Model Mayhem o Litmind para iniciar tu carrera como modelo.

1ª Edición - Mayo de 2016

ISBN: 978-1533651471

Indice de contenidos

Cómo ser modelo, Vol.1

Sobre el autor

Rafael "Tato" Morales es fotógrafo, periodista y experto en marketing electrónico. Ha publicado en medios de prensa desde 1995 sobre dirección de proyectos, fotografía y marketing, así como varios libros sobre los mismos temas.

Como fotógrafo, es defensor de una fotografía "natural", en donde la personalidad de la modelo y el tratamiento de la luz prevalecen sobre los efectos y retoques fotográficos, aplicando estos principios de forma sistemática a sus trabajos y books.

En la actualidad dirige el portal de formación continua escuelademodelos.eu, dedicado a cubrir una serie de aspectos que no se tratan en las escuelas y agencias de modelos convencionales. Además, de forma regular realiza trabajos de gestión de la carrera profesional.

Si quieres ponerte en contacto con él, puedes hacerlo a través de los siguientes medios:

* En Litmind: http://bit.ly/1rEiNDf

* En Facebook: http://bit.ly/1rEiM25

* Por email: contacto@escuelademodelos.eu

Agradecimientos

En Octubre de 2015 lanzamos un proceso de selección de modelos por toda España para elegir a aquellas personas que iban a colaborar en esta guía, ya que no queríamos dejar de contar con la opinión de modelos en activo, que deben enfrentarse todos los días a los problemas cotidianos de este trabajo.

El éxito de la convocatoria fue enorme y tuvimos que elegir entre unas 400 candidatas, lo que fue un proceso bastante complicado. Finalmente, tuvimos la suerte de encontrar un selecto grupo de modelos que desde entonces vienen ayudando en muchos detalles. Aunque no sean las autoras materiales de este libro, sin su colaboración y opinión el resultado no sería el mismo y es justo reconocerlo al principio. A María Bueno y Aophy, especialmente por sus aportaciones a este volumen de la colección y en el portal escuelademodelos.eu, muchísimas gracias. A Martina Portela y Mónica Sagrera, gracias por vuestro tiempo y participación. Si alguien quiere contactarlas para hacerles llegar propuestas profesionales, se las puede localizar en sus perfiles de Litmind:

* Aophy, http://bit.ly/1rPsrTc

* María Bueno, http://bit.ly/1rPsjDc

* Martina Portela, http://bit.ly/1rPseQ2

* Mónica Sagrera, http://bit.ly/1rPsCOq

Introducción

Una de las preguntas que más a menudo me hacen es dónde encontrar trabajo de modelo y cómo iniciarse en el mundo profesional. A lo mejor te parece que la respuesta más sencilla es "buscando en las agencias de tu ciudad", pero el problema es que la mayoría de ellas hacen más negocio vendiendo books y cursos a sus representadas que consiguiendo trabajo para ellas. ¿Cómo es esto?

La situación es que hay poco trabajo y la mayoría de las agencias y escuelas han buscado ingresos por otro sitio. Haz tu misma una búsqueda en Internet con los términos "agencia de modelos" y el nombre de tu ciudad, y luego llama a un par de ellas, a ver qué condiciones te proponen.

Lo normal es que empiecen diciéndote que es un mercado duro, pero que tienes grandes posibilidades y que sólo te hacen falta dos cosas: hacerte un book "profesional" y darte de alta en su directorio, para que te vean todas las productoras que trabajan con ellos. Lo curioso es que por las dos cosas te van a pedir dinero. Y varias veces, además.

No sé a ti, pero a mí me parecería mucho más normal, si es que tan convencidos están de que vas a tener éxito, que te ofreciesen sus servicios a cambio de una comisión de representación, ya que su cliente (y el tuyo) deberían ser "todas esas productoras que trabajan con ellos". Pero la cruda realidad es que en los últimos años el trabajo ha bajado bastante y no ganan mucho por los medios tradicionales, de forma que hace tiempo decidieron que la modelo también es una cliente a la que se le puede sacar dinero.

Por eso te venden books, directorios, cursos y todo lo que haya que vender. La mayoría son incapaces de conseguirte trabajo y, por tanto, saben que se arruinarían si fueran a comisión.

Pero hay una buena noticia. Si estuviésemos en los años 80 o 90, cuando yo empecé en este mundillo, quizás no tendrías muchos más recursos. Pero vivimos en el S.XXI e Internet ha puesto a tu alcance un montón de herramientas con las que tienes bastantes oportunidades de salir adelante. No es que Internet te garantice el éxito, pero elimina intermediarios y permite que todo el mundo, incluido cierto tipo de modelos "alternativas" que nunca habrían tenido éxito en las agencias, tengan esa oportunidad a la que me refiero.

Si vas a una agencia diciendo que quieres ser modelo de tatuajes o de tallas grandes o que mides menos de 180 cm, verás qué rápido pasan de ti. Sin embargo, hay muchas chicas que se han creado una sólida carrera profesional a través de redes sociales, portales de trabajo, blogs, alguna agencia que merece la pena… y las comunidades en línea. De hecho, las comunidades pueden ser una de tus mejores bazas para encontrar trabajo de forma independiente y sin pagar comisión a ningún intermediario.

Son algo difícil de definir y a menudo no se usan bien. No son exactamente una red social, aunque muchas tienen funciones y enlaces a Facebook e Instagram. No son blogs, aunque muchas publican noticias del sector y consejos prácticos. No son un book a secas, aunque es obligatorio que cuenten con algún mecanismo sencillo y eficaz de mostrar tus fotos. Ni siquiera es fácil buscarlas. Porque claro, ¿qué es lo que ponemos en el buscador? ¿Agencia de modelos? Eso no es lo que te interesa.

Lo que tu necesitas es un escaparate en el que te vea todo aquel que pueda contratarte para una sesión, una campaña o un taller. Si buscas "comunidad de modelos" tampoco te va a aparecer gran cosa, porque muchas ni siquiera se etiquetan a sí mismas de esta forma. Hay muy pocas en castellano y de hecho las mejores sólo están en inglés, pero si encuentras la que se ajusta a tus necesidades y sabes utilizarla, puede llegar a ser una de las patas fundamentales en las que apoyar tu carrera como modelo, siendo el "trípode" ideal el que forman tu sitio web, tu perfil social (el que muestras en páginas como Facebook) y tu perfil profesional (el que sacas en estas comunidades).

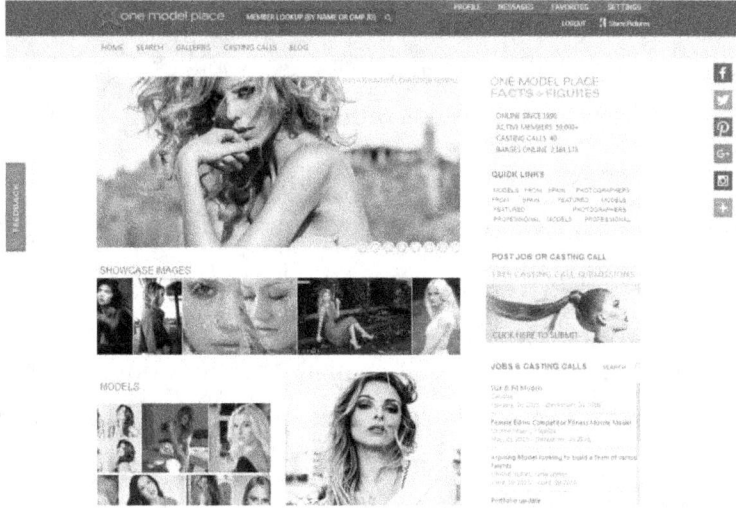

En la ilustración puedes ver una captura de la página web One Model Place, que es una de las mejores comunidades para modelos del mundo. En cualquier momento tienes acceso a miles de fotógrafos en Estados Unidos o Gran Bretaña, algo parecido a lo que puedes encontrar en Litmind para España. Pero todos estos sitios palidecen ante Model Mayhem, que cuenta con más de un cuarto de millón de fotógrafos en su base de datos. Si te estabas preguntando dónde encontrar fotógrafos que puedan darte trabajo, puedes ver que hay unos cuantos sitios por los que puedes empezar. El problema es saber cuáles son, en dónde merece la pena darse de alta y cómo usarlos. En este librito voy a tratar de responderte a estas preguntas.

Este manual corresponde a un seminario que imparto de vez en cuando, en el que a menudo hay chicas que me comentan que no pueden venir por problemas de horario o que han venido, pero quieren saber si hay alguna forma de conseguir los apuntes. Por eso me he animado a escribirlo todo, como la mejor forma de hacerte llegar el contenido de esas charlas. En el caso de este manual, lo que voy a explicarte es qué son las comunidades on-line, en qué se diferencian de las redes sociales y qué criterios puedes usar para elegir las dos o tres que más te convienen.

He elegido este tema para iniciar la colección porque es muy práctico y es una de las primeras cosas que tienes que hacer: poner en marcha tu imagen pública como modelo. Y, por razones que te iré contacto a lo largo del libro, es mucho mejor que empieces en estas comunidades on-line que en una red social como Facebook. La razón fundamental es la calidad del público que va a visitar tu página; en Facebook te puede ver cualquiera, pero todo el que te vea en Model Mayhem está relacionado con el mundo de la fotografía, por lo que la posibilidad de que te contraten es mucho mayor, aunque el número de personas que te vean sea mucho menor.

Todo lo que te cuento en esta guía y en el ciclo de conferencias forma parte de un plan para que puedas trabajar como modelo. Quizás no puedas ganarte la vida con ello porque, como te decía un poco más arriba, las cosas están muy complicadas, pero al menos sí que puedes aspirar a tener un buen apoyo. Ganar de 100 a 300 € al mes con pequeños trabajos no es imposible y si lo sumas a lo largo de todo un año verás que estamos hablando de 2 a 4.000 € anuales, que no están nada mal para apoyar tu economía. Es como si contaras con 2 ó 3 pagas extra para ahorrar, recuperar gastos o darte una alegría.

Pero lo importante no es si van a ser 100, 1.000 o 6.000 € al año, sino que debes mentalizarte de que si quieres sacarle algún rendimiento, tienes que darle una orientación profesional o se-miprofesional al trabajo. Por tanto todo lo que te cuento aquí son técnicas de marketing para modelos profesionales. No importa el tipo de fotografía a la que te quieres dedicar. Puede que te guste ser modelo de *cosplay*, que son esas chicas que se maquillan y visten como si fueran personajes de cómic, modelo de fitness, porque te gusta mucho el deporte, modelo de pasarela, porque te atrae el mundo de la moda, o modelo de desnudo, porque te en-canta la fotografía artística. Lo que vamos a ver aquí sirve para cualquiera de estas actividades. Cuando más adelante te digo "tienes que estructurar tu porfolio en tres galerías que representen los tres intereses fundamentales de tu trabajo" tú decides cuáles son esos intereses. Yo sólo te digo que elijas dos o tres temáticas y concentres todos tus esfuerzos en ellas, porque un book muy disperso despista a los clientes y no queda claro a qué te dedicas.

¿Y si quiero ganarme la vida a tiempo completo, también sir-ve? Por supuesto. El éxito en cualquier profesión es sólo cuestión de constancia, regularidad y seriedad. Cuando se empieza siempre hay que tantear, cometer errores y aprender de ellos para, al cabo de un tiempo, terminar siendo una profesional de lo que hayas elegido. Esto es así para contables, abogados, médicos y (¿por qué no?) también para modelos.

Mi sugerencia es que, si quieres terminar siendo una modelo profesional, te tomes los dos primeros años como una especie de "prueba piloto". Durante ese tiempo tienes que desarrollar tu imagen, establecer tus contactos iniciales y aprender las técnicas básicas de la profesión. Al cabo de ese tiempo la respuesta del mercado y el número de trabajos que te lleguen, son lo que va a determinar si puedes o no dar el siguiente paso y avanzar hacia una carrera profesional. Pero las técnicas seguirán siendo las mismas que te han llevado a ese lugar. Tendrás que trabajar más, porque es tu vida, pero seguirás haciendo las mismas tareas básicas: promocionar tu trabajo, buscar oportunidades, cribar las ofertas que te llegan, disfrutar haciendo tu trabajo y cobrar por ello. Si en una primera etapa tienes que hacer una o dos actualizaciones semanales de tu perfil, más adelante quizás tengas que hacer una actualización cada dos días. Si al principio sólo te llega una propuesta de vez en cuando, seguro que llega un momento en que tienes que dedicar media hora todas las mañanas a valorar las que te hacen. Ojalá.

Para los ejemplos he elegido la comunidad Litmind, que es una de las más importantes en España. No es que sea la principal o la única. Simplemente es una de las que hay, está bien en general y es de las que te puedo recomendar para que empieces. Es fácil de usar, estéticamente queda bien y, aunque tiene sus defectillos y si conociera a los dueños les diría un par de cosas, en general es muy recomendable. No sé de mucha gente que me haya contado malos rollos y como tienen una política bastante estricta con el tema de los desnudos y el buen gusto, no corres el riesgo de encontrarte imágenes desagradables en tus primeros pasos.

Una advertencia que tengo que hacerte es que no vamos a ver un paso a paso de cómo se hacen las cosas. No vamos a ver con detalle cada campo que hay que rellenar y cada botón que hay que pulsar para dar de alta tu perfil, llenarlo de fotos y establecer contacto con otros profesionales. El motivo es que esto no es una guía de Litmind, sino un manual de comunidades para modelos. Lo que quiero explicarte es qué cosas son importantes y deberías hacer, no cómo se hacen en una comunidad en concreto. Es importante que subas fotos y etiquetes en ellas al fotógrafo y al maquillador que participaron en su elaboración, pero no vamos a ver exactamente cómo se hace en Litmind. El mecanismo concreto puede variar mucho de uno a otro sitio, pero no te asustes, porque no tiene ninguna dificultad. Casi seguro que nadie te enseñó a etiquetar a tus amigos en las fotos de Facebook y lo haces continuamente. Pues esto es igual. Lo importante es que etiquetes a tus compañeros de trabajo. El cómo se haga en cada una de las comunidades en las que te des de alta es un poco indiferente.

Por tanto, lo primero que vamos a ver es qué es una comunidad on-line, qué características tienen y qué es lo que debes buscar en ellas. A continuación veremos la forma correcta de usar las herramientas a tu alcance, como el portafolio fotográfico o los comentarios, para atraer el mayor número de ofertas y oportunidades a tu perfil. Por último, te propondré un plan de trabajo regular para que vayas creando tu imagen y tu red de contactos, de forma que puedas alcanzar el objetivo que te hayas propuesto, sea cual sea el ámbito de la fotografía al que has decidido dedicarte. Al final, incluyo el análisis de algunas de las comunidades más populares dentro y fuera de España, para ayudarte a decidir por cuáles empezar.

Una nota si vives fuera de España. Este libro está escrito teniendo en cuenta algunas circunstancias del mercado local, pero las prácticas que aquí te recomiendo funcionan en cualquier parte del mundo, porque no me meto en los requisitos legales de cómo ejercer tu trabajo como modelo, sino en las cosas que tienes que hacer para construir tu perfil; es decir, en el marketing personal. Lo único que tienes que hacer es trasladar lo que aquí te sugiero a tu propio entorno. Si te digo "busca la comunidad que tenga mayor número de fotógrafos en tu área", sólo tienes que adaptarlo al sitio en que vives. Te doy las pistas y directrices que debes seguir, no el paso a paso de lo que tienes que hacer. Para eso, confío en tu capacidad e iniciativa.

Pues eso, empecemos…

Capítulo 1

¿Qué son las comunidades de modelos?

Quiero presentarte a una modelo con la que trabajo a menudo. Se llama Aophy y, si tienes cuenta en Facebook, puedes encontrarla con facilidad escribiendo las palabras "Aophy Modelo" en el cuadro de búsqueda. El primer resultado te llevará a la misma página que este enlace: http://bit.ly/1Z4JQSJ. Para facilitarte las cosas, he incluido una captura de pantalla que puedes ver junto a estas líneas, con el muro de su cuenta.

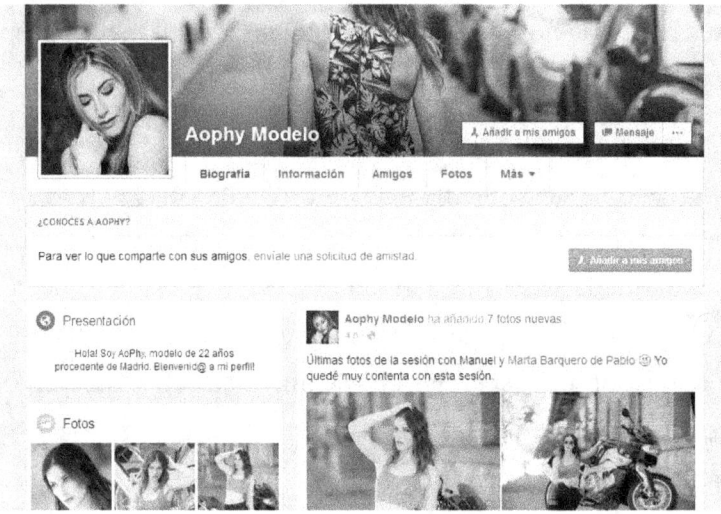

Aophy es una bióloga y deportista madrileña que empezó a trabajar como modelo en 2014, especializada en fotografía artística, moda y fitness. Tiene una gran experiencia como nadadora y eso le ha proporcionado un físico ideal para cierto tipo de fotografías, aparte de que, como podrás ver en las fotos, tiene una especie de belleza serena, un rostro tranquilo muy elegante para la fotografía. En este libro vamos a hablar muchas veces de Aophy, porque es la chica que vamos a utilizar de ejemplo para todas nuestras explicaciones. Y lo primero que hay que explicar es qué es una comunidad de modelos.

No sé cuál es tu situación, si has estado dando vueltas a la cabeza a que te gustaría intentar trabajar como modelo o si ya llevas un tiempo intentándolo y no tienes mucho éxito. O a lo mejor has conseguido algunos trabajos y quieres intentar que se convierta en tu profesión a jornada completa. Sea cual sea tu situación, lo más probable es que tengas una cuenta en Facebook en la que vayas a poner tus fotos. Siendo la red social más amplia del mundo, lo normal es que si quieres que te encuentren pongas ahí tus fotos. ¿O no? Pues no sé si te lo vas a creer, pero Facebook no es el mejor sitio para que busques trabajo como modelo.

Las redes sociales, como Facebook o Google+, son una herramienta estupenda para estar en contacto con gente a la que aprecias, para intercambiar fotos de las vacaciones o para estar al día de lo que le pasa a un familiar que vive lejos. Pero no son el mejor sitio para encontrar trabajo. Porque esta es la pregunta que más a menudo me hacen las chicas que conozco y quieren dedicarse a trabajar como modelos: ¿cómo consigo que me lleguen trabajos?

Hay un conjunto de recursos típicos que podría citarte: agencias de modelos, escuelas de fotografía, productoras de publicidad o incluso portales de empleo genéricos. Si buscas "modelo" en un sitio como infojobs.net, seguro que te aparecen un par de ofertas. O más. Pero aunque es posible que encuentres cosas en estos sitios, aunque hay gente que puede decirte que le va muy bien con Facebook, hay lugares en los que puedes conseguir resultados mucho mejores, como Litmind. ¿Y qué es Litmind? Porque no es un nombre fácil de pronunciar ni es muy conocido. Si te vas a la dirección web de la empresa en Internet, litmind.com, seguro que encontrarás de nuevo a Aophy, pero esta vez en una página con un aspecto muy diferente.

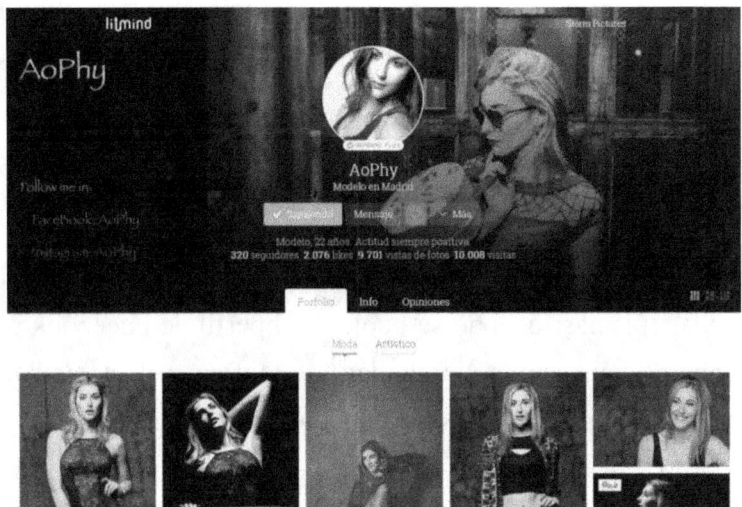

Fíjate en la captura que hay de nuevo junto a estas líneas y verás que es muy distinto de lo que aparece en Facebook. Es cierto que en las dos se pueden poner fotos, pero en Litmind las fotos lo son todo, mientras que en Facebook las fotos sólo son un tipo de novedades más de las que pueden aparecer en tu muro.

Litmind es lo que se conoce como una "comunidad de modelos" o, en un sentido más amplio, una "comunidad fotográfica". La gente que se da de alta en estos sitios tienen un interés especial por la fotografía y lo normal es que se apunten fotógrafos, modelos, maquilladores y agencias especializadas. De forma que podrías pensar en ellas como auténticos directorios profesionales, en los que puedes encontrar un montón de gente interesada en estas cosas.

19

No todas viven de la fotografía y no todas las comunidades son igual de buenas e interesantes. Lo que vamos a tratar de aclarar en este libro es precisamente cuál es la mejor forma en que puedes aprovecharlas, cuáles son las más interesantes si vives en España y cómo puedes empezar a usarlas. Para esto, lo primero que tenemos que hacer es entender qué diferencia hay entre una red social, como Facebook, y una comunidad fotográfica, como Litmind.

Redes y comunidades no son lo mismo

Uno de los errores más habituales que cometen las modelos es poner las mismas fotos de su book en el perfil de Facebook o en Fotoplatino, que es otra comunidad fotográfica bastante activa en España. Eso significa que no entienden para qué sirve cada uno de esos sitios y qué diferencias hay entre ellos. Lo primero es una red social y lo segundo es una comunidad de modelos. Son cosas distintas y deberías poner fotos distintas, adecuadas al público que hay en cada una de ellas.

Vamos a asumir, por un momento, que ambas son redes sociales. Incluso si las metemos en el mismo cajón, seguro que podemos estar de acuerdo en que Facebook sería una red social "genérica", en la que entra gente de todo tipo, y Litmind o Fotoplatino son redes "profesionales", en las que sólo entran personas que tienen un interés por ese tema. Con esta orientación es fácil entender que no hay que poner esas fotos en las que estás abrazada a tu gata en un book de trabajo, pero ¿por qué no al revés? ¿Por qué no debes poner fotos de tu trabajo en Facebook?

Quiero enseñarte dos fotos que le hice a Aophy hace unos meses, cuando empezábamos a preparar este libro. La primera foto, como puedes ver junto a estas líneas, es una típica foto de estudio. Siempre me gusta empezar las sesiones con un bloque de "retrato informal" en el que probamos cómo quedan las luces y nos centramos en la personalidad de la modelo con ropa cómoda.

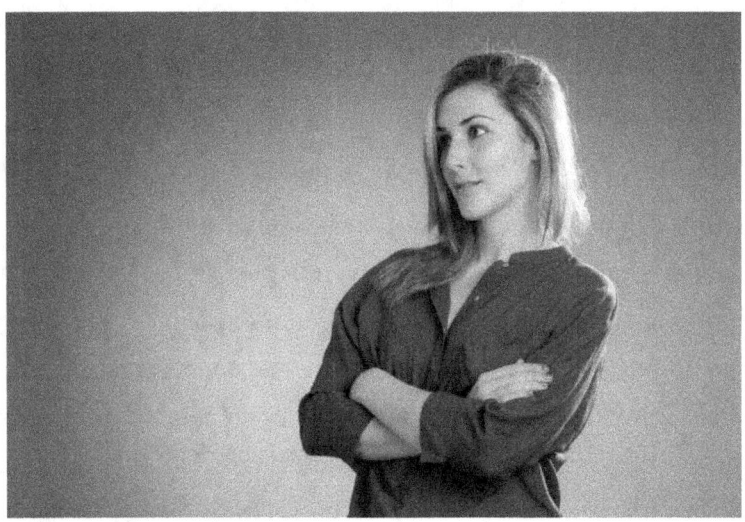

Aophy, como te comentaba un poco más arriba, tiene un rostro sumamente atractivo y amable y es una lástima no intentar sacarle partido, por lo que en esa foto, muy sencilla en términos generales, todo está organizado de forma que la vista se te vaya siempre a sus ojos. Hagas lo que hagas, verás que es muy difícil que dejes de mirarla a ella y eso que la foto es grande y hay un montón de espacio vacío a la izquierda. Pero está hecho a propósito con el objetivo de que mires a Aophy.

Otro detalle que me parece importante en este tipo de fotografías, y que es lo que os recomiendo a todas, es que no os hagáis fotos con retoques. Es mucho mejor para un book básico de modelo fotos "naturales", en las que la protagonista seas tú y no la cantidad de efectos, máscaras, nubes y halos que quiera ponerte el fotógrafo de turno. En una foto con efectos el objetivo es mostrar la habilidad del retocador en aplicarlos. Pero lo que a ti te interesa es "venderte" a ti misma, no el trabajo de un retocador. Y esto no es sólo opinión mía. Fíjate si habrá llegado a convertirse en un problema para las agencias el tema de las fotos retocadas, que desde hace unos pocos años casi siempre exigen un tipo de fotos llamadas "polaroids" en las que te piden que aparezcas sin ningún maquillaje ni efecto fotográfico.

El problema para las agencias es que si te eligen basándose en una foto retocada, es posible que la chica que aparezca por el estudio no sea la misma que estaba en la foto. Puede ser un detalle insignificante, como que te han rebajado un poco las pecas o que te han quitado un par de lunares, pero esa diferencia puede que dé al traste con la imagen que estaban buscando para el trabajo o que obligue a prolongar la sesión de maquillaje 15, 20 o 30 minutos para corregir el detalle y que no se vea en las fotos. Sencillamente, lo que más te conviene es ser sincera con tu imagen y mostrar lo que hay, no una versión idealizada de ti misma o una foto en la que el fotógrafo intente esconder sus defectos a base de efectos y destellos.

Otra costumbre que tengo es hacerme una foto de recuerdo con las modelos con las que trabajo. Tras 30 años en la profesión, puedes imaginarte que he conocido a un montón de personas muy especiales y es agradable mirar atrás y conservar esos detalles. Es una costumbre que te recomiendo que sigas. Por mucho que insistas, es posible que no en todas partes te den copia de las fotos de una sesión. Los fotógrafos aficionados puede que sí, puede que no, la mayor parte de las veces por dejadez, no por mala fe. Y en las agencias muchas veces pasan de ti al terminar. Pero si llevas tu móvil y haces *"selfies"* de recuerdo con los compañeros de trabajo, las modelos, fotógrafos y maquilladores con los que te vas cruzando, eso no te lo quita nadie y forma un estupendo material de referencia para tu perfil, tu muro de Facebook o de Instagram e ir haciendo con ello una especie de Currículum Vitae "visual" de tus trabajos. Aparte, por supuesto, del valor humano y el recuerdo entrañable que supone mirar atrás y recordar a todas las personas con las que te has encontrado en tus años de profesión. En esta foto en concreto salgo un poco quemado, porque me puse al lado de uno de los focos, pero eso es lo de menos. Es un buen recuerdo.

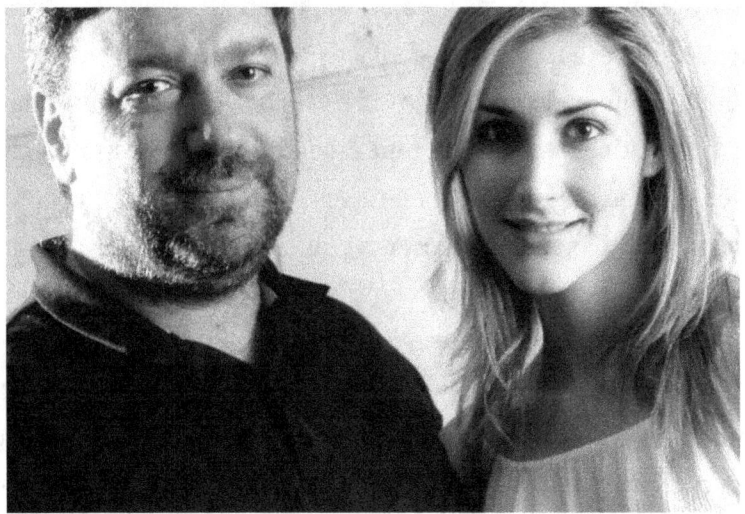

Bien, la pregunta es ¿cuál de las dos fotos es más adecuada para Litmind, esa comunidad de modelos a la que me refería al principio, y cuál es la mejor para Facebook, que es una red social? Seguro que rápidamente has pensado que la pose informal debe ir al book y la foto de recuerdo a la red social, lo cual es correcto, pero la pregunta es ¿por qué?

Concepto de comunidad en línea

Una red social no es un sitio Web, sino el conjunto de personas que forman tu círculo de conocidos a través de las experiencias compartidas. Tu familia, tus amigos, tus compañeros de trabajo, tus conocidos… todos ellos van formando círculos de confianza basados en lo que vivís juntos, desde un viaje de vacaciones, a la boda de una prima a la que acude toda la familia. Los sitios como Facebook o Google+ son sólo una herramienta para afianzar esas redes sociales.

Hace 30 años, cuando las llamadas de teléfono no tenían tarifa plana y el único correo posible era el de carta, la gente podía pasar mucho tiempo sin estar en contacto unos con otros, aunque les uniesen vínculos de amistad o sangre muy fuertes. Lo normal es que si tus primos vivían en otra ciudad, podías pasarte años sin verles. Eso no quiere decir que no les apreciaras, simplemente no había muchas oportunidades de coincidir. Pero con Facebook tienes oportunidades de intercambiar unas palabras casi a diario. Basta con que agregues a ese primo a tu lista de amistades, para que pueda compartir contigo las actualizaciones del muro, inter-cambiar mensajes por el chat y estar al día de lo que le va pasando. Es decir, Facebook es una herramienta que refuerza las relaciones personales.

Una comunidad en línea es algo distinto. Sigue siendo un grupo de personas afines, pero el vínculo que las une no es la experiencia personal, la amistad o la relación familiar, sino un mismo interés compartido. Puede ser algo profesional o una afi-ción. En el primer caso tendremos una comunidad profesional y en el segundo una comunidad de ocio.

Una comunidad de modelos es un grupo de personas que comparte un interés común en torno a la fotografía y el trabajo de modelaje. Por tanto, las relaciones no se crean ANTES de encontrarse en ese sitio web, sino que se forman ahí mismo. Tú vas buscando perfiles de fotógrafos que pueden darte trabajo o que tienen una obra interesante y les pides "amistad", pero no porque quieras ser su amiga, sino porque te interesa para avanzar en tu carrera. Es cierto que también "conocemos" gente en Facebook, pero el motivo por el que alguien nos admite en su círculo suele estar más relacionado con la confianza que le despiertan los amigos compartidos que con el interés profesional.

Cuando entras en Facebook, lo normal es pensar "voy a ver qué tal está mi amiga o qué fotos de las vacaciones han puesto los primos". Cuando entras en Litmind, lo normal es pensar "voy a ver qué ofertas de casting han publicado o qué fotógrafos nuevos hay por mi zona". En el primer caso se trata de un interés de cercanía personal, mientras que en el segundo se trata de un interés temático o profesional.

Dicho de otra forma. Cuando entras en Facebook, las cosas que preguntas son "cómo estás", "dónde vas de vacaciones este verano" o "qué tal el examen del otro día". Son preguntas destinadas a fortalecer tu relación. Cuando entras en Litmind lo que deberías preguntar es "dónde es el trabajo", "cuánto se paga por la sesión" o "dónde se publica". Son preguntas relacionadas con tu trabajo.

¿Quiere eso decir que no se puede utilizar Facebook para buscar trabajo de modelo? En absoluto. Facebook tiene un recurso que son las "páginas". A diferencia de tu perfil personal, tu página (si la creas) no permite tener "amigos" sino "seguidores". Es distinto. Un amigo, dentro de Facebook, es un perfil personal con el que compartes recursos como fotos, mensajes y actualizaciones. Una página… vaya, una página hace exactamente lo mismo. La diferencia es que las páginas tienen herramientas que no tienen los perfiles, como estadísticas de seguimiento, publicidad y otras herramientas que sirven para conocer a tu público. Una página no exige que apruebes el contacto; cualquiera puede dar al botón de "me gusta" para suscribirse a las actualizaciones. Por tanto, se parece más a un boletín de noticias en el que la actividad tiene un sentido predominante desde el dueño de la página (tú) hacia el público suscrito (tus seguidores). Pueden mandarte mensajes, pero no es lo normal, a diferencia de tu perfil, en el que lo suyo es que haya un intercambio continuo de experiencias entre todos los amigos conectados.

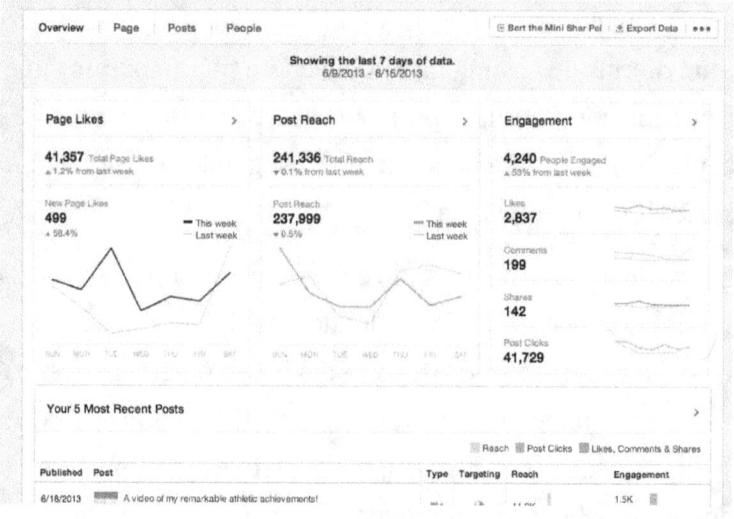

Puedes crear tu página de Facebook y utilizarla como un perfil profesional, exactamente igual que el perfil de Litmind. Tienes cabecera, icono, mensajería, galerías de fotos… Y cosas que no hay en Litmind, como grupos, estadísticas complejas y publicidad segmentada. Aunque eso son técnicas avanzadas de marketing, que veremos en otro librito de esta colección. La verdadera diferencia está en que el público de Facebook es muy variado. A tu página puede suscribirse un amplio rango de personas y puede que la mayoría no comparta tu interés profesional por la fotografía ni quiera ofrecerte trabajo. Simplemente, les has caído simpática y quieren seguirte. Oye, y eso es importantísimo en tu carrera como modelo o actriz. La popularidad es uno de los elementos que hacen que tengas valor en el mercado, pero no es lo que te da de comer directamente. Todo el que te siga en Litmind seguro que tiene un interés semejante en la fotografía, ya que sólo se dan de alta otras modelos, fotógrafos o maquilladores. Es gente que sabe perfectamente el trabajo que tienen las fotos que publicas y aprecia el esfuerzo de una buena producción.

Por tanto, las redes sociales refuerzan vínculos personales ya existentes basados en la experiencia, mientras que las comunidades sirven para crear vínculos basados en el interés profesional.

Otros recursos que puedes usar

Vale, Hasta aquí parece clara la diferencia entre redes sociales y comunidades. Pero si esto es así, ¿dónde metemos Instagram? ¿Y Twitter? Aunque lo normal es que en las conversaciones cotidianas se metan todos estos sitios en el mismo batiburrillo de "redes sociales", no lo son. Son "plataformas de microblogging", que es un tipo muy especial de publicación electrónica. Pueden ser muy útiles en el conjunto de tu estrategia de marketing profesional, pero hay que entenderlas para saber qué debes poner en cada una y cómo usarlas.

Un blog es una publicación electrónica en el que decides que quieres compartir reflexiones por escrito. El nombre correcto en castellano es "bitácora web" y es lo más parecido a un diario público, en el que compartes tus reflexiones, intereses e ideas mediante artículos que suelen tener una longitud de 200 a 1.000 palabras. Puedes poner la longitud que quieras, pero son pensamientos que se suelen leer en 3 o 4 minutos.

Un "microblog", como Twitter, es un blog compacto, en el que las cosas que compartes son muy breves y se pueden leer en unos segundos. Los tweets tienen una longitud de 140 caracteres y se leen en 2 ó 3 segundos, de forma que fomentan una lectura y un intercambio de opiniones muy rápidos. Instagram es un tipo especial de microblog, en el que lo que se comparte son imágenes.

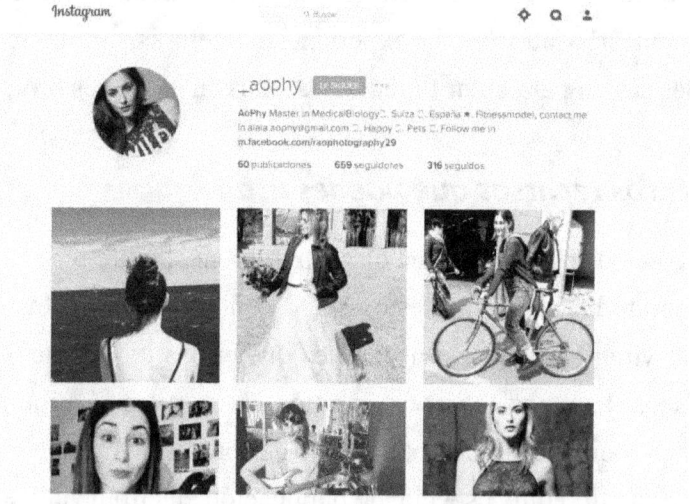

En sentido estricto, Instagram es una "plataforma de intercambio de fotos", como Pinterest. Lo que pasa es que permite compartir comentarios y opiniones de una forma muy ágil, similar a la de Twitter, lo que posiblemente explica que tenga más éxito. Claro, también podemos publicar fotos en Twitter. Y en Facebook. Todas son, en cierta medida, plataformas de intercambio de fotos, pero cada una está diseñada con un objetivo distinto, lo que hace que las herramientas de las que disponen favorezcan más un tipo de contenido que otro. ¿Puedes escribir texto en Twitter? Sí, pero no tan largo como en Facebook, por lo que es un mal "blog" y un buen "microblog".

Estas definiciones designan servicios. El "servicio" de compartir texto es una cosa; el de compartir fotos, otra; el de chatear, otra. Facebook tiene un poco de todo y es fuerte en el intercambio de estados. Instagram tiene fotos y mensajes cortos, y es fuerte en el intercambio de imágenes. Twitter es casi un chat, por lo que es fuerte en las conversaciones ágiles, aunque puedes compartir fotos. Todas pueden ser de mucha utilidad en tu trabajo. Sólo hay que aclararse. Así:

* **Facebook** es una red social para fortalecer lazos personales. Lo ideal es que vincules a aquellas personas con las que has trabajado y has desarrollado un mínima afinidad personal, para compartir la faceta "humana" de tu trabajo. Aquí pondrás fotos de grupo con otras modelos, un recuerdo con la maquilladora, con el fotógrafo… cosas que refuercen las relaciones.

* **Twitter** es un plataforma de microblogging que sirve para compartir tu actividad diaria. Aquí puedes poner pequeños mensajes de cosas que vas haciendo: hoy tengo un casting, voy a elegir ropa para la siguiente sesión, mira qué buena es la última campaña de Victoria's Secret… cosas que reflejen tu interés cotidiano en tu trabajo.

* **Instagram** es una plataforma de intercambio de fotos que sirve para compartir fotos que haces con el móvil. Piensa que es

un Twitter fotográfico, por lo que en lugar de "contar" que vas a un casting, te haces una foto en la cola del casting; en lugar de "contar" que vas a elegir ropa, te haces una foto eligiendo una chaqueta… son cosas que haces a diario y las cuentas de una forma visual.

Instagram está cobrando mucha importancia en el mundo de la moda, hasta el punto de que una buena "instagrammer", que perfectamente puede ser una modelo que comparte sus trabajos y gustos por la ropa, puede ganar más por publicidad que por trabajos directos. Muchas empresas están empezando a dar prioridad a Instagram frente a redes como Pinterest o Twitter.

* **Litmind** es una comunidad on-line de interés, que sirve para establecer relaciones en torno a la fotografía. Aquí pones una muestra de tus mejores trabajos, estableces relaciones profesionales con otras personas y vas actualizando tu perfil como si fuera una especie de currículum vitae. Es tu escaparate profesional al mundo.

Podrías usar Facebook como CV y Twitter como book fotográfico, igual que puedes poner comentarios en Instagram. Pero cada una de estas alternativas es "más cómoda" para un tipo de contenido que para otro. Y, por tu forma de pensar y ser, seguro que unas te resultan más intuitivas que otras. Lo que te acabo de dar son unas recomendaciones generales de uso, para que empieces a ordenar en tu cabeza todos los recursos que hay a tu alcance y les des utilidad.

Lo que quiero que entiendas es que no hay una sola herramienta, en este caso las comunidades on-line, que resuelva todas tus necesidades de darte a conocer como modelo, ni de encontrar oportunidades de trabajo. Las comunidades sirven para una cosa, las redes sociales para otras… Si quieres ganarte la vida con esto tienes que aprender a usarlas todas y combinarlas de forma adecuada. Para empezar, en este librito nos centramos en las comunidades, pero ya iremos viendo el resto.

El modelo de negocio de las comunidades

Una cosa que puedes haberte preguntado al comparar comunidades on-line con redes sociales es que las primeras cuestan dinero, mientras que las segundas son gratis. Habría mucho que hablar sobre eso de que Facebook sea o no gratis, porque es cierto que no nos cuesta dinero, pero eso es a cambio de entregar un montón de información personal. Michail Bletsas, jefe de computación del MIT Media Lab, dijo hace un par de años una frase que se ha hecho muy popular: cuando un producto es gratuito, el producto eres tú[1]. Si Facebook te da un muro, un álbum de fotos y un chat gratis es porque tú le das algo que tiene mucho más valor.

No tienes que valorar una comunidad como Litmind como una red social "de pago", sino como una herramienta de marketing que tiene su coste. Te ofrecen una cuenta de prueba gratuita con la que puedes probar su eficacia y, si te convence, lo suyo es que pagues por usarla. El esfuerzo y recursos que supone programar un servicio web, hospedarlo y hacer frente al tráfico, los ataques de seguridad y el mantenimiento del negocio tienen que compensarse de alguna forma.

One Model Place, por ejemplo, te ofrece una ficha gratuita con 21 fotos y 5 mensajes al día[2]. Si quieres subir más fotos o mandar más mensajes, puedes contratar un perfil "Gold", con el que podrás subir 151 fotos y mandar 50 mensajes al día. Si estás organizando un viaje de trabajo y quieres tantear los fotógrafos y agencias de la zona para buscar encargos, te conviene poder mandar unos cuantos mensajes de golpe, pero si estás empezando puede que pase un tiempo hasta que necesites mandar más de uno o dos al día. Así que este modelo es ideal, ya que no pagas un servicio hasta que no lo necesitas. Es el mismo modelo que siguen Litmind o Model Mayhem, que podemos denominar "progresivo". Esto quiere decir que puedes entrar con un paquete básico e incrementarlo a medida que lo vayas necesitando.

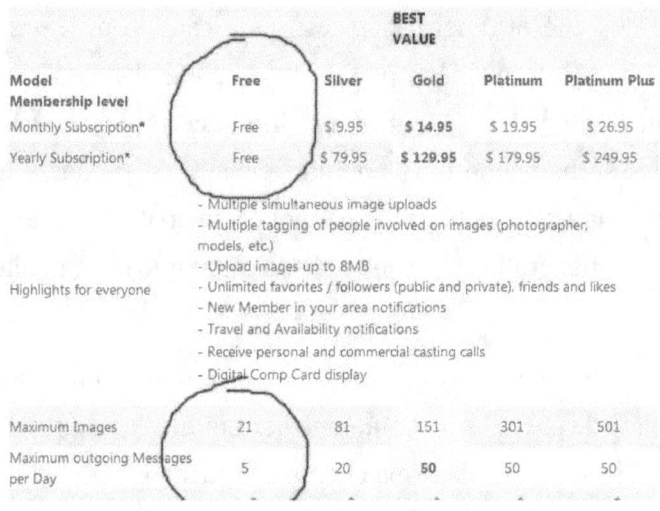

Model Membership level	Free	Silver	Gold	Platinum	Platinum Plus
			BEST VALUE		
Monthly Subscription*	Free	$ 9.95	$ 14.95	$ 19.95	$ 26.95
Yearly Subscription*	Free	$ 79.95	$ 129.95	$ 179.95	$ 249.95
Highlights for everyone	- Multiple simultaneous image uploads - Multiple tagging of people involved on images (photographer, models, etc.) - Upload images up to 8MB - Unlimited favorites / followers (public and private), friends and likes - New Member in your area notifications - Travel and Availability notifications - Receive personal and commercial casting calls - Digital Comp Card display				
Maximum Images	21	81	151	301	501
Maximum outgoing Messages per Day	5	20	50	50	50

Las comunidades no son ONGs. Tampoco lo son Google+ o Facebook, pero esas empresas han construido su modelo de negocio en torno a otro elemento: la publicidad. Tu, yo, todos, les estamos dando contenido gratuito con nuestra actividad las 24 horas del día y millones de personas de audiencia para que puedan vender publicidad personalizada en sus páginas. Facebook ganó

3.690 millones de dólares en 2015[3]. Eso es lo que ganó, no lo que facturó en publicidad.

Según el servicio de clasificación Alexa, que mide la popularidad de los sitios Web, Facebook ocupa el tercer puesto[4] en la lista de las páginas más vistas del mundo. El tercero, con casi 1.090 millones de personas accediendo a sus cuentas todos los días[5]. Litmind ocupa el puesto 2.979 en España[6], muy por debajo de Facebook, desde luego, pero bastante por delante de Fotoplatino, que está en el puesto 4.649[7]. A Litmind o a Fotoplatino seguro que les gustaría vender también mucha publicidad, lo que pasa es que no tienen ni la audiencia ni la fuerza de Facebook para hacerlo, así que desarrollan otros modelos de negocio.

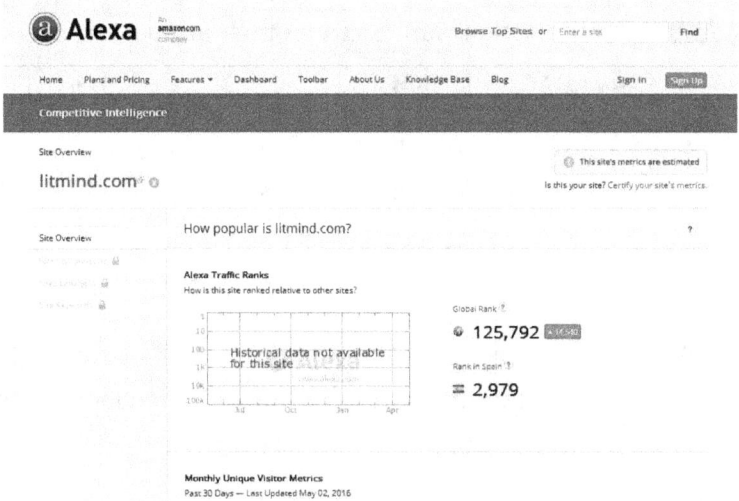

El más habitual, como te digo, es el de ofrecerte perfiles con servicios progresivos. Y me parece perfecto y te lo recomiendo. Cuando tengas unos ingresos básicos, invierte en una suscripción un poco más avanzada, para poder subir más fotos y aumentar el número de comunicaciones. Es decir, es el propio desarrollo de tu negocio como modelo lo que determinará el gasto que puedes hacer. No pienses que si quieres llegar a ser una modelo bien pagada que viva de esto, puedes hacer todo tu negocio con una cuenta gratuita de Instagram o Facebook, porque no es posible.

No hay un sitio perfecto; todos tienen cosas buenas y malas y lo que tienes que hacer es analizarlos y valorar cuál te resulta más útil en tu trabajo. Por eso vamos a dedicar las próximas páginas a repasar cuáles deberían ser las herramientas básicas a las que prestar atención, las que más importan.

En resumen...

En este capítulo hemos aprendido la diferencia entre una red social, como Facebook, y una comunidad de modelos, como Litmind. A continuación vamos a recordar los puntos más importantes de lo que hemos visto.

* Una red social es un sitio en el que se fortalecen las relaciones que tienes fuera de Internet. A tus amigos, familia y allegados ya les conoces. Facebook sólo sirve para tener un contacto más continuado.

* Una comunidad de modelos es un sitio en el que estableces nuevas relaciones, porque todos los que están dados de alta comparten un interés común. En nuestro caso, la fotografía.

* Las comunidades son herramientas para conseguir trabajo. Todo lo que hagas en ellas debe ir encaminado a conseguir propuestas como modelo. Las preguntas que te interesan son: ¿Qué me propones? ¿Cuánto me pagas? ¿Cuándo se hace? ¿Dónde se hace? ¿Qué trayectoria tienes?

* Twitter, Instagram o Litmind son recursos a tu alcance para buscar trabajo, cada uno de ellos especializado en un tipo de contenido y relaciones personales. Debes encontrar la mejor forma de combinarlos para alcanzar tu objetivo: ser una buena modelo.

* Cuando te des de alta en una comunidad, confirma que su modelo de suscripción te permite ir ampliando tus posibilidades mediante actualizaciones progresivas, de forma que el gasto sea proporcional a tu actividad e ingresos.

En el siguiente capítulo vamos a ver cómo utilizar y valorar las herramientas básicas de una comunidad de modelos para buscar y conseguir trabajo.

Capítulo 2
Cómo usar tu perfil

Una herramienta es tan útil como la persona que la utiliza. Yo me he pasado un tercio de mi vida en las playas de Fuengirola, en Málaga, y adoro la playa y el mar, pero siempre he sido bastante inútil para eso de los castillos. Dame un cubo y una pala de plástico y haré la típica acumulación de flanes de arena. Oye, pero hay gente a la que le das el mismo cubo y pala de juguete y te montan una reproducción del Taj Majal o una sirena saliendo del agua, con todo lujo de detalle en las escamas de la cola. Es como todo en la vida; la habilidad personal hace que una simple pala de plástico sea una herramienta ideal para crear esculturas de gran belleza.

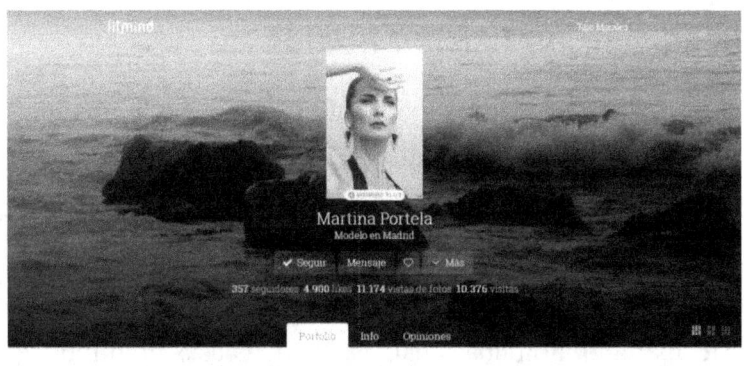

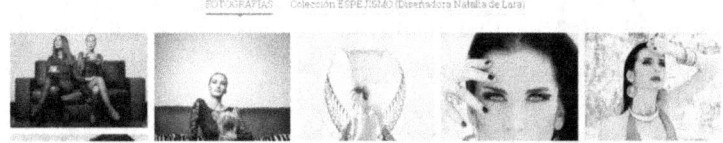

Lo mismo pasa con las comunidades on-line; si las usas de forma adecuada, incluso un conjunto relativamente simple de herramientas puede servirte para alcanzar el éxito profesional.

Sólo tienes que echar un vistazo a las estadísticas de algunas modelos que ya estén dadas de alta. Martina Portela, por ejemplo, es una bellísima modelo madrileña que con su mirada y bastante perseverancia ha conseguido estar entre las más populares, con más de 450 seguidores. Ten en cuenta que la media es tener unos 60, por lo que esta mujer ha conseguido ponerse varias veces por encima de esa cifra de referencia y podemos decir, con claridad, que es un éxito de gestión de su perfil.

Lo importante no es cómo se sube una foto al perfil o cómo se etiqueta a una persona con la que has colaborado, sino cómo combinas todas esas herramientas para conseguir una visibilidad continua que atraiga propuestas a tu buzón de correo. Vamos a ver las principales herramientas disponibles y algunos trucos y pistas sobre cómo utilizarlas de la forma más eficaz posible.

La primera impresión: Tus fotos

Si te fijas en el menú superior de la página principal de Litmind, verás que hay una opción en el apartado de "Comunidad" que pone "Modelos". Púlsalo y te aparecerá un buscador en el que puedes elegir el país y la provincia en la que estás interesada. En mi caso es Madrid, donde hay dadas de alta más de 3.000 personas en este apartado. Son unas cuantas y si dedicases un minuto a ver cada uno de esos perfiles te tirarías 50 horas seguidas (dos días y pico) pasando fichas sin parar.

Ponte en el lugar de la persona que esté buscando una modelo para su próximo trabajo; necesita alguien de unas características muy especiales, alguien que sea… como tu. Lo que pasa es que tu ficha está enterrada en esas 3.000 que ya hay dadas de alta. Puede que aparezcas en la primera página o en la 129, dependiendo de la regularidad con la que publiques fotos o la última vez que te conectaste. Esa persona empieza a pasar páginas con mucho interés, mirando cada perfil con detenimiento y tratando de averiguar si es o no la modelo que necesita para su trabajo.

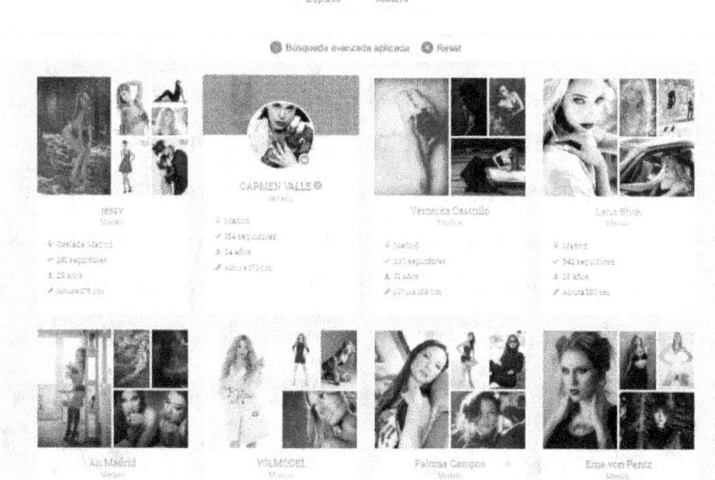

Podrás entender que a los pocos minutos, como mucho en una hora, dejará de buscar por mucho interés que tenga o, como mínimo, empezará a hacerlo con menos atención que en los primeros momentos. Las personas que exploran el directorio de una comunidad de modelos miran decenas de fichas, página tras página, en busca de la colaboradora ideal. Sólo tienes unos instantes, puede que menos de un segundo, para captar su atención. Tus imágenes tienen que ser deslumbrantes, pero no a cualquier precio. Tienes que poner cosas relacionadas con el tipo de trabajo que quieres que te llegue. Si quieres hacer moda, no pongas fotos de desnudo artístico. Si quieres hacer glamour, no pongas retratos. Pero si quieres hacer retratos, pon los mejores retratos que puedas, aquellos que destaquen tu mirada, tu expresividad y tus facciones de la mejor forma posible.

Cuando alguien llega a tu perfil, ya sea porque te ha buscado por Internet o porque ha llegado desde tu página de Facebook, lo que ve es la página principal de tu perfil, que en casi todas las comunidades consiste en una especie de álbum de fotos en el que hay algunos datos generales, como edad o estatura, y una selección de las fotos que componen tu portafolio o book. Junto a estas líneas puedes ver de nuevo el perfil de Aophy. Ha elegido una serie de fotografías de moda, porque es el tipo de trabajo que quiere que le llegue, y aparecen algunos detalles generales, como el número de seguidores o las visitas que ha recibido, que en el momento de escribir estas líneas ha superado las 10.000.

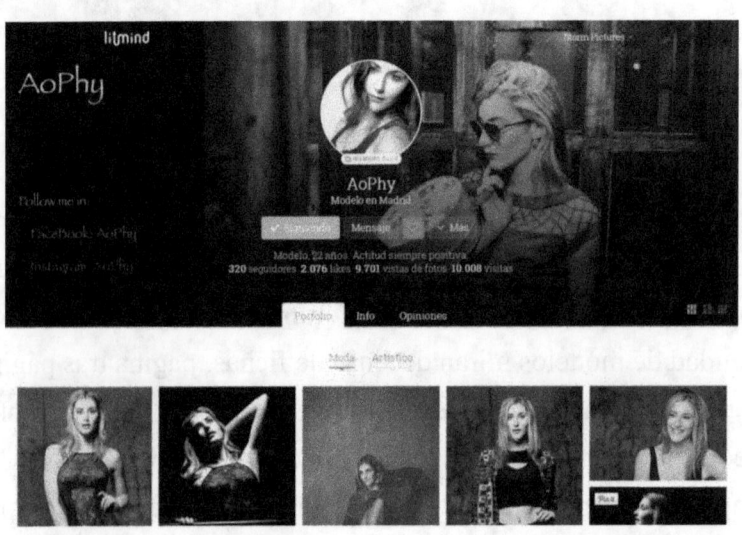

Tu perfil es el escaparate de tu negocio al mundo. Es el primer contacto que tiene la gente contigo y tiene que estar muy bien cuidado. Lo primero que tienes que mirar es que la comunidad en la que te apuntes te permita subir un número suficiente de fotos como para mostrar tu versatilidad como modelo. Luego habrá una parte que te toca resolver a ti, que es seleccionar las fotos que subes. Pero si, como pasa con Entre Modelos, sólo puedes subir dos fotos, no es que un visitante pueda hacerse una gran idea de tu diversidad. De 20 a 30 fotos es el mínimo que deberías buscar, pensando que luego tendrás que estructurar tu book en 3 o 4 carpetas como mucho. Este asunto, el diseño del book, es bastante complejo y supera el alcance de este librito, por lo que lo tratamos en profundidad en otro título de la colección dedicado a tu marca personal.

Por ahora, lo importante es que pienses los dos o tres tipos de trabajos que te gustaría hacer; por ejemplo, moda deportiva, modelo de peinados y pasarela. Tu perfil tiene que permitirte hacer tres carpetas, o directorios, en cada uno de los cuales pondrás un mínimo de 10 fotos con los trabajos y colaboraciones que vayas haciendo. De esa forma, podrás mostrar esa versatilidad a la que me refiero.

Esto es una recomendación, no es una regla escrita en mármol. Hay modelos con un portafolio estupendo que agrupan todas las fotos en un solo grupo, como la modelo italiana Trudy Abela, que tiene un perfil muy completo en esta dirección: https://es.litmind.com/270413. Pero Trudy es una modelo sumamente experimentada, especializada en un tipo muy concreto de fotografía, que selecciona con mucho cuidado sus trabajos. Todo lo que muestra merece la pena y todo sirve para atraer más oportunidad de trabajo a su perfil. No hay ninguna foto de compromiso, redundantes o esas interminables colecciones de retratos que forman el book de muchas principiantes.

De todas las fotos que subas, tienes que elegir dos que van a cumplir una función muy especial.

La primera tiene que ser un retrato tuyo perfecto. Por "perfecto" quiero decir que se te vea bien, en la medida de lo posible que sonrías, que se te vea de frente y que lleves muy poco maquillaje. Por supuesto, cualquier tipo de retoque fotográfico exagerado o de fantasía (nubes, halos, colores apagados) debería eliminarse de esta foto. Nunca te conviene usar fotos retocadas, ya que lo que "vendes" es tu imagen. Cualquier alteración de esa imagen puede suponerte un problema con el cliente final cuando llegas al estudio y comprueba que no eres la misma chica que aparece en las fotos. Pero la tendencia que existe ahora mismo con el tema de las fotos es tan fuerte, que reconozco que es difícil de evitar. Por eso me contento con señalarte que las dos o tres que uses como tarjeta de presentación, entre ellas un buen retrato, deben ser lo más "limpias" posibles.

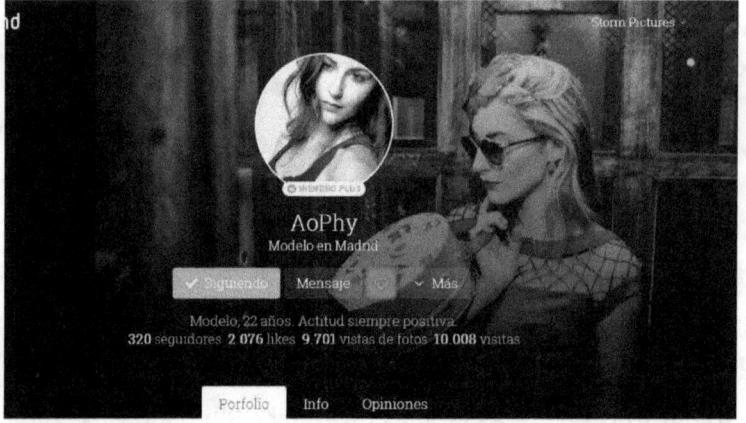

Este retrato va a ser tu icono o foto de perfil, el "avatar" que pondrás en todas tus cuentas para que se te reconozca a la primera. Ya estemos hablando de redes sociales, comunidades o composites en papel, tienes que elegir una foto en la que todo el mundo te reconozca. Normalmente es una foto cuadrada, de unos 500 píxeles de ancho, que pondrás en todos tus perfiles, incluidos el de

Litmind, Model Mayhem, Instagram, Facebook… Cualquiera. La gente tiene que llegar a una cuenta tuya y reconocerte al instante. Haz que tu mirada sea lo primero que atrape la atención de la gente que visite tus perfiles en cualquier sitio, no los efectos que alguien ha querido aplicarle a tu foto; porque entonces estás vendiendo su trabajo de retocador, no el tuyo de modelo. ¿Entiendes la diferencia? El único objetivo del marketing es generar ventas; en tu caso, contratos de trabajo para sesiones. No amigos, "likes", visitas, o felicitaciones de cumpleaños.

La segunda foto que tienes que elegir es una imagen horizontal grande, como mínimo de unos 1.600 píxeles de ancho. Igual que con la anterior, se te tiene que ver bien la cara, pero aquí puedes ampliar un poco al resto de tu figura. Hacer fotos apaisadas de cuerpo entero es complicado, por la simple razón de que el cuerpo es vertical y te estoy diciendo que la foto tiene que ser apaisada. Pero es necesario que sea así porque en muchos sitios se ha reservado sitio para un "banner", que es la foto horizontal que ves en la parte superior de tu página en Facebook o tu perfil en Litmind.

Esa imagen cumple una función de apoyo a tu avatar y tiene que ser igualmente una buena foto, en la medida de lo posible sin halos, retoques ni efectos especiales. Nada de eso te ayuda a vender. Lo que tienes que hacer es pensar qué tipo de trabajos quieres conseguir y poner una foto exactamente con lo que quieres que te llegue. Si quieres hacer moda de novia, busca una foto en la que se te vea con un precioso traje de boda y la cola extendida a tus espaldas, por ejemplo. Eso podría hacer una bonita foto de cabecera. Si quieres ser modelo de bikini, busca una foto en la que se te vea tumbada en la piscina, luciendo algún conjunto bonito.

Es el caso de Aophy, tenemos un retrato de frente, ligeramente superior, en el que se aprecian sus rasgos y una característica muy suya, que es una cierta serenidad en el rostro. La foto horizontal es una imagen de moda, uno de los trabajos que a ella le interesan.

Cómo subir bien las fotos

Las dos fotos que te acabo de comentar se suben desde el panel de control de tu cuenta, ya que tienen una utilidad muy concreta: foto de perfil y de fondo. El resto se suben desde el panel "gestionar portfolio". Es muy normal en todas las comunidades que encuentres paneles separados para la administración de tu perfil y las fotos. Quizás pienses que subir fotos es algo trivial, que has hecho muchas veces, pero no lo es tanto. Y aquí te juegas el trabajo, ya que necesitas dar una buena imagen. Así que te recomiendo que prestes atención a tres detalles, para que las fotos que compartas tengan la máxima eficacia en atraer ofertas de trabajo: calidad, etiquetas y palabras clave. Vamos a verlas una por una.

La calidad de una imagen se define por dos cosas: el tamaño y la compresión. El tamaño es el número de píxeles que tiene en cada sentido, horizontal y vertical. Cuántos mayor sea ese número, más detalle tiene la imagen. La compresión es el algoritmo que utilizas para guardarla y que no ocupe mucho espacio en el disco duro. Las imágenes son un tipo de fichero enorme. Una portada de revista, por ejemplo, que mida unos 20 x 30 centímetros, ocupa unos 4 MB en memoria. Puede que no te parezca mucho, teniendo en cuenta que hoy en día los ordenadores de sobremesa cuentan con 2 a 8 GB de RAM (de 500 a 2.000 más), pero tu teléfono móvil apenas podría abrir un par de ficheros de ese tamaño. Simplemente, no hay espacio para ello.

La forma de guardar imágenes más extendida es JPEG, un sistema que apareció en 1992. El nombre designa tanto el formato de fichero, la manera en que se guarda en el disco duro, como la estrategia de compresión, el algoritmo que se emplea para reducir la información a un tamaño aceptable. El problema es JPEG es lo que se denomina un algoritmo "con pérdida", que quiere decir que cuanto más comprimes, más información se pierde. JPEG es capaz de reducir esa imagen de 4 MB a un fichero de sólo 0'2 KB, una reducción de tamaño del 95%, pero la contrapartida es que se pierden muchísimos detalles.

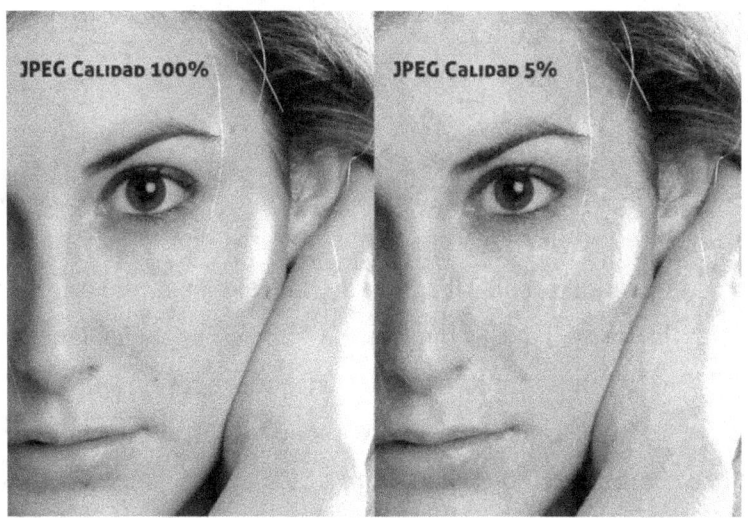

Junto a estas líneas he preparado dos versiones de la misma imagen, un retrato de Aophy. Si te fijas un poco, verás que hay un pelo rubio cruzando el rostro. Lo he dejado a propósito para que veas los efectos de la compresión. La primera versión, a la izquierda, corresponde al fichero original según sale de la cámara, sin ninguna compresión. El color está bien definido y la imagen está llena de detalles, por ejemplo en las cejas y pestañas. La segunda versión, a la derecha, corresponde a un fichero con el

95% de compresión. Ocupa muchísimo menos, claro, pero el precio ha sido enorme. Donde antes se apreciaba una piel tersa y de color continuo, ahora tenemos una masa de color escalonada sin detalle. El pelo se sigue viendo, pero en algunas zonas se mezcla con el color de la mejilla y desaparece.

Esto quiere decir que comprimir es una solución de compromiso: está bien reducir un poco el tamaño de los ficheros, para que ocupen menos y se tarde menos en transmitirlos por Internet, pero si los comprimes demasiado puedes perder todo el detalle de la foto original. Así que el tamaño es importante pero secundario, ya que una compresión alta puede echar por tierra toda la información.

Las fotos de tu perfil salen de las sesiones que vayas haciendo, por lo que siempre tendrás que pedírselas al fotógrafo o al estudio que haga la producción. Intenta asegurarte siempre, ya sea un intercambio o un trabajo remunerado, que te dan al menos de 3 a 5 fotos de la sesión para tu book. Deja claro al negociar las condiciones que es importante e insiste en que se comprometan a un plazo de entrega. Dado que la mayoría de fotógrafos actuales tiene que hacer mucho retoque para corregir los defectos de exposición, suelen tardar un poco ya que algunos necesitan 2 o 3 días de trabajo para arreglar cada foto, pero insiste en ello. Si la sesión que has hecho corresponde a un book que te has pagado, está claro que te las tienen que entregar todas. En los intercambios se suele pactar una cantidad intermedia: algunos dan 10 ó 20, otros dan todas… no hay una regla fija. En las producciones de agencia a menudo pasan de darte nada.

Es importante que les pidas el fichero en su tamaño original, sin reducir de tamaño, y con una compresión baja. No hay una forma universal de expresar el factor de compresión, ya que cada programa de tratamiento de imagen utiliza su propio sistema, pero hay dos grandes tendencias: o se utiliza una escala del 1 al 10, como en Photoshop, o una escala del 1 al 100, como Zoner Photo Studio. en ambos casos, cuanto más alto es el número, menor es la compresión y, por tanto, mayor la calidad de imagen.

Así que una forma correcta y clara de pedir las fotos podría ser: "por cierto, cuando terminemos me gustaría tener unas 5 fotos para mi portafolio de buena calidad. ¿Podrías mandármelas en su tamaño original, con una compresión de 9 ó 10 en Photoshop?" Es posible que alguno proteste y te diga que su cámara es maravillosa y que a ese tamaño los ficheros son muy grandes. Tiene razón. Una cámara moderna, de 20 a 35 megapíxeles, puede generar ficheros de 8 o 10 MB. Pero estamos hablando de tu carrera, así que no te viene mal conservar los ficheros de tus trabajos con la mejor calidad posible. Si se pone muy pesado, si guardas tus fotos en el móvil o cosas por el estilo, pide que te lo reduzcan a un máximo de 2 megapíxeles, que genera unos ficheros de unos 1.600 x 1.000 píxeles. Suficiente para que se vea bien en todas las comunidades y redes sociales en las que te des de alta.

Insisto en que intentes conservar los ficheros al mayor tamaño y compresión posible. Si algún día quieres hacer un portafolio de verdad (te lo recomiendo), imprimir una foto para enmarcarla y colgarla en la pared o hacerte un composite (te lo recomiendo), vas a necesitar ficheros MUY grandes para que quede bien.

De todas las fotos tendrás dos versiones, claro. Una será el fichero original, a la máxima calidad posible, y el otro será uno reducido para que lo subas a cada perfil que tengas creado. Los ajustes que te recomiendo para esa segunda versión son ficheros con un mínimo de 1200 píxeles en su lado más largo y una compresión de 8 o el 85%. Con esos parámetros, tendrás un fichero de unos 140 a 200 KB, algo muy manejable. De todo esto y de la organización de las fotos te hablo con más profundidad en el libro dedicado a la marca personal, que es donde vemos cómo organizar tu book.

Cómo etiquetar bien las fotos

Vale, ya tienes tus fotos a un tamaño adecuado y empiezas a subirlas al servidor de Litmind, por ejemplo. La mayoría de la gente se queda ahí, en subir los ficheros, y eso es un error. Hay muchas cosas que puedes hacer para facilitar que otras personas "descubran" tu trabajo.

Piensa en ti misma cuando haces una búsqueda por Internet. Tu no vas directamente a la página en donde está lo que te interesa, sino que antes usas un buscador como Bing o Google para encontrar lo que necesitas. Claro, las fotos no tienen texto, por lo que si alguien busca "modelo de fitness" lo que le saldrá son páginas en las que aparezcan esas palabras.

Las fotos no aparecen por sí mismas. Aparecen porque "alrededor" de ellas hay un montón de información que ayuda a que el buscador las localice. Toda esa información se llama "metadatos" y se encuentra en muchos sitios:

* En el título de la foto.

* En la descripción de la foto.

* En los comentarios de la foto.

* En las palabras clave de la foto, o "hashtags".

* En algunos sitios, incluso en la propia foto.

Voy a subir uno de los retratos que le hice a Aophy en la sesión para este libro. Fue un retrato bastante simpático en el que estábamos bromeando y se la ve riendo. Podría subirla por las buenas y dejarla ahí. No está mal, pero a menos que alguien vaya a mirar detenidamente mi portafolio, no la verá. Y si alguien está buscando trabajos de Aophy, es difícil que la encuentre. Por eso vamos a hacer cuatro cosas:

* En el título voy a poner el nombre de la modelo, "Aophy".

* En la descripción voy a poner un comentario sobre el contenido, "Retrato sobre fondo azul pastel. Estábamos bromeando un poco y Aophy tiene una bonita sonrisa".

* Los comentarios los ponen los demás, así que ahí no puedo hacer nada.

* A la derecha, en el apartado de palabras clave, voy a añadir algunos términos que identifican el contenido de la foto, por ejemplo: "polaroid, rubia, retrato, rubia, modelo, moda, sonrisa, aophy".

* No voy a meterme tampoco con los metadatos, que es algo un poco complejo.

Hay una manera adicional de añadir información, que consiste en etiquetar a las personas que han participado en la producción. Me refiero a todo el equipo creativo: fotógrafo, modelo, maquilladores y peluqueros. Esta función no está en todas las comunidades, pero inténtalo que no pierdes nada. el etiquetado es lo mismo que haces en Facebook cuando quieres identificar las personas que aparecen en una foto. Ahí se hace abriendo la foto y poniendo un recuadro sobre la cara de todo el mundo; en Litmind se hace desde el panel de control de portafolio, en una columna que pone "etiquetar usuario". Si escribes ahí su nombre, el sistema detecta la cuenta a la que pertenece y añade un enlace en la imagen.

Lo mejor es que las personas a las que te etiquetan reciben un mensaje, por lo que se enteran de la cortesía que has tenido y eso juega a tu favor. En realidad el aviso es una medida de seguridad del sistema, para evitar que se etiquete por error a personas equivocadas o que te pongan en una foto en la que no quieres que se te reconozca. Pero también tiene su lado positivo.

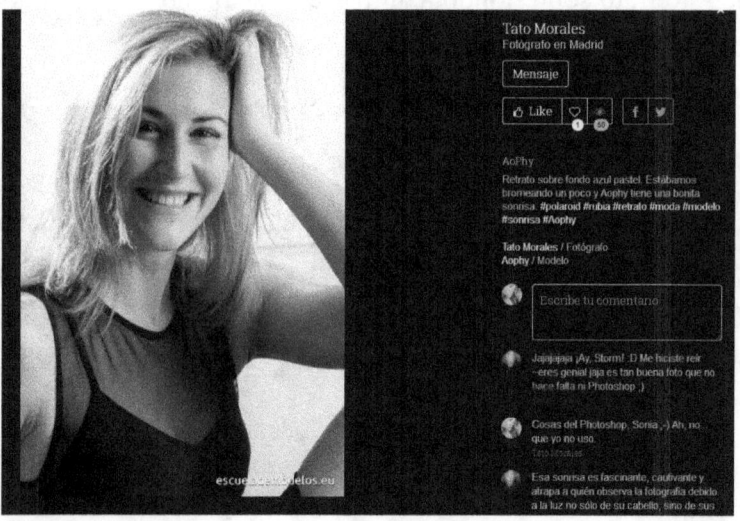

El resultado es lo que ves junto a estas líneas: una imagen bien etiquetada, rodeada de un montón de información en su ficha para que sea más fácil que aparezca en las búsquedas. Te recomiendo que hagas lo mismo con todas tus fotos, en cualquier sitio al que las subas.

Llamadas a la acción: "me gusta"

El objetivo de tener un perfil en una comunidad es que te lleguen propuestas de trabajo. Lo voy a seguir repitiendo una y otra vez, porque es algo de lo que debes mentalizarte. Todo lo que hagas debe ir encaminado a ese objetivo. Subir fotos a tu perfil no sirve para que la gente vea lo guapa que estás o lo bien que retoca fotos alguien que conoces. Subir fotos tiene que servir para atraer atención hacia tu actividad, de forma que la gente que las vea diga "vaya, esta chica sería perfecta para el trabajo que tengo en mente". Si una foto no contribuye a "venderte" no sirve para nada. Quítala.

Hay dos formas de afrontar esa visibilidad: pasiva, que consiste en subirlas y esperar a que alguien las vea por casualidad, o activa, que consiste en hacer cosas para que las fotos tengan más movimiento. Lógicamente, si quieres ganarte la vida con esto o tener un sobresueldo, tienes que dedicarle tiempo y una parte importante de ese tiempo se te va a ir en conseguir esa "visibilidad".

Hay formas directas de conseguirla, como difundir tu imagen en otros sitios que no sea la comunidad de modelos. Instagram o Facebook son una buena opción para ello. El problema es que son redes sociales abiertas y las puede ver todo el mundo. No es que haya nada malo en ello, pero si de cada 100 personas que ven tus fotos en una comunidad como Litmind quizás 10 o 12 pueden hacerte una oferta, este número baja drásticamente en una red abierta y puede que no llegue a una de cada 3 o 4.000. Tienes más tráfico, pero es de peor calidad desde el punto de vista profesional.

Otra forma de conseguir visibilidad es "ser activa", ser visible por lo que haces día tras día para cultivar tu círculo de contactos en la comunidad. Eso lo consigues interactuando con el resto de usuarios, lo que puede hacerse con tres herramientas básicas: etiquetas, opiniones y referencias. Al elegir una comunidad a la que dedicar tu tiempo, intenta asegurarte de que dispones de los tres, ya que no te sobra ninguno. Una comunidad que no te deje interactuar, que se limite a ser una simple colección de fotos, te da menos oportunidades de conseguir trabajo que otra en la que sí tienes esa posibilidad. Como ejemplo, vamos a ver cómo lo harías en Litmind.

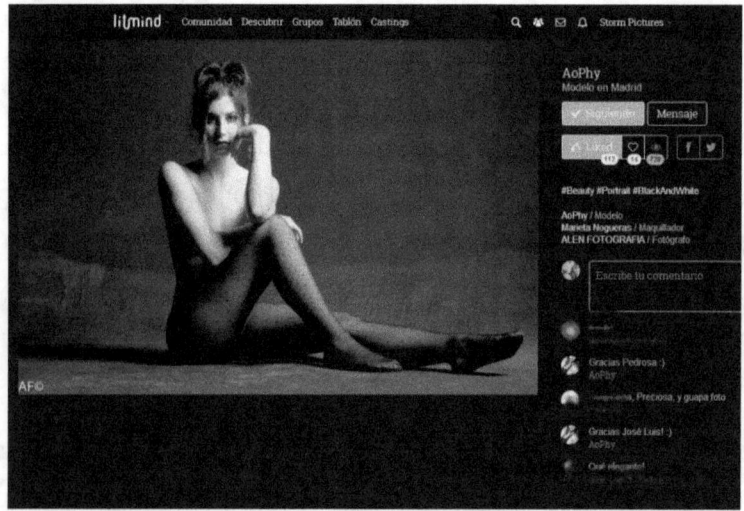

Si miras junto a estas líneas, verás el detalle de una de las fotografías más populares de Aophy, una hermosa composición de fotografía artística, en la que se encuentra sentada en el suelo, con las piernas estiradas. Cuando alguien pulsa en una de las fotos de tu portafolio, esta es la forma en que Litmind muestras las fotos al resto de usuarios y visitantes. A la izquierda puedes ver la foto ampliada y a la derecha hay una columna con varios elementos en colores llamativos y algunos números anotados. Estos números reciben el nombre de "métricas", que son indicadores de la actividad del perfil.

Si quieres dedicarte a esto o a cualquier cosa de forma seria, las métricas son algo con lo que vas a tener que aprender a trabajar. Una métrica sólo es un número. Puede ser el número de visitas que recibe tu perfil, el número de personas a las que les gusta una foto, el número de conocidos que la han compartido. Lo interesante de las métricas es cómo las elijes para obtener información útil.

Vuelve a mirar la foto de Aophy y dime qué te parece. ¿Te gusta, te parece bonita o artística? La respuesta a estas preguntas puede ser "si", "bastante", "mucho", "no" o "es una pasada". Por extraño que te parezca, ninguna de esas respuestas sirve para nada. No son de ninguna utilidad, porque son juicios de valor subjetivos y aquí lo que estamos intentando hacer es saber qué percepción tiene el público de tu trabajo. Lo que a una persona puede gustarle "mucho" a otra puede que no le guste "nada" y si prestas atención a esos comentarios no sacarás nada en limpio.

En la columna de la derecha verás que, bajo el nombre de la modelo, hay unas cajas con los símbolos de "like", un corazón, un ojo, Facebook y Twitter. Esos enlaces sirven para que la gente pulse en ellos si quiere indicar que la foto le ha gustado, si es de sus favoritas, cuántas personas la han visto, y si quieren compartirla en Facebook o Twitter respectivamente. Son botones de "llamada a la acción", que es como se llaman este tipo de herramientas. En el momento de hacer la captura de pantalla para este libro, 112 personas habían indicado que esta foto les gustaba, 14 la habían incluido entre sus favoritas y en total la habían visto 739 personas. No está mal, pero ¿qué significa exactamente? ¿Es una foto popular, sí o no?

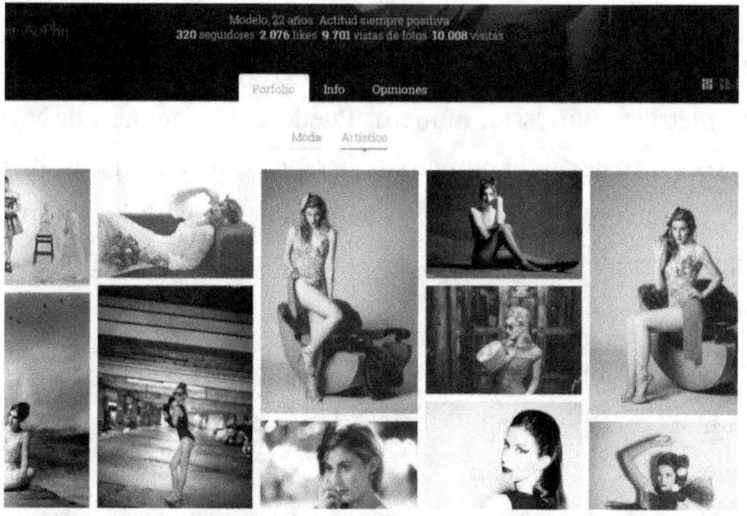

Si volvemos al álbum de fotos de Aophy, el dedicado a fotografía artística, veremos que alrededor de esta foto hay otras 3 o 4: dos con estética pin-up, apoyada en una butaca, una en un ascensor antiguo con una sombrerera y otra tumbada en un sofá con un traje de novia y una diadema de flores en la cabeza. ¿Cuál te gusta más, cuál crees que es más popular, cuál tiene más posibilidades de aportar propuestas de trabajo? Seguro que tienes tu propia opinión de cada una de ellas. Piensa en ello y acuérdate para dentro de unos minutos, porque lo vamos a contrastar con lo que piensa la gente. Vas a ver un ejercicio de métricas "en vivo".

Si pasamos el ratón por encima, aparecen las llamadas a la acción y vemos los números acumulados en ese momento:

* La del traje de novia tiene 46 "me gusta", 9 favoritos y 139 visitas. Además, vemos otro icono que nos indica que tiene 9 comentarios.

* La del traje rojo en el ascensor tiene 63 "me gusta", 9 favoritos, 260 visitas y 3 comentarios.

* La de pin-up sentada en la butaca tiene 64 "me gusta", 5 favoritos, 191 visitas y 1 comentario.

* La de pin-up de pie tiene 90 "me gusta", 15 favoritos, 353 visitas y 3 comentarios.

Es muy posible que la foto de novia te haya parecido preciosa y que sea de tus favoritas. Es una foto bonita y agradable, pero mirando los número no parece la más popular. Vamos, no lo parece mucho. Da la sensación de que las de pin-up han tenido mejor acogida. 90 "me gusta" es el doble de 46, eso está claro. Pero puede que no te hayas dado cuenta de lo grande que es la diferencia. Vamos a ver los datos de otro modo; los pasamos a una hoja de cálculo y con ello generamos un gráfico de barras. Mira el resultado:

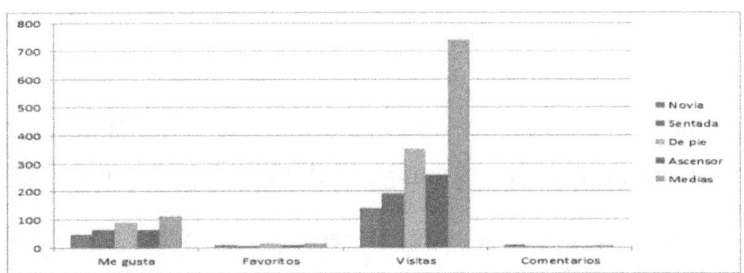

El primer grupo de columnas son los "me gusta" y está claro que la columna de la derecha supera a todas las demás por mucho. La foto que más se le acerca en popularidad es la de en medio. El siguiente grupo son los favoritos, que como tiene una métrica más baja (son decenas de votos en lugar de cientos) no se ve bien en este gráfico. El siguiente grupo son las visitas, el número de veces que alguien ha visto cada foto en el muro principal de Litmind o en el portafolio de Aophy y ha pensado que le gustaría verla ampliada. La columna de la derecha no es que supere a las demás, es que las rebasa de forma aplastante. En los "me gusta" podríamos decir que superaba un poco a la del centro, pero aquí está claro que barre a todas las demás. Esa foto, si miras la leyenda que hay a la derecha del gráfico de barras, es en la que está sentada en el suelo con las medias. La del en medio, la siguiente en popularidad, es en la que se encuentra de pie junto a la butaca, con estilo pin-up.

¿Qué te ha parecido? ¿Coincide con tus preferencias? Unas líneas más arriba te había pedido que pensaras en qué te parecen las fotos del book y que recordases esa opinión. ¿La de las medias era tu favorita? ¿Cuál de las dos con estilo pin-up te gustaba más? Otra de las preguntas que siempre me hacen en los cursillos y cuando planificamos el book de una modelo es qué fotos son las que tengo que poner o mantener. Como te decía más arriba, esto lo trataré con más detalle en un libro separado, pero ahora acabas de ver una demostración práctica de cómo elegir y mantener las fotos en tu perfil: asumiendo que tiene que haber una rotación, son los números, las métricas, los que te dicen qué fotos son las más populares y las que tienen más posibilidades de darte trabajo.

Alguien podría decirme que siempre puede haber un fotógrafo al que le gusten las fotos alternativas o poco populares. Y vuelvo a recordarte lo del principio: el objetivo de TODO lo que hagas es conseguir ofertas de trabajo, no "likes". Los "me gusta" y los "favoritos" son sólo un indicador de cómo reacciona el público a tu trabajo. Cada vez que alguien da a un comentario o selecciona una foto tuya como "favorita", esa acción aparece en su muro. Es decir, te da visibilidad. Cuando tienes fotos que acumulan cientos de "me gusta" y "visitas", eso traslada confianza a la gente que visita tu perfil, porque les dice "esta chica tiene aceptación, es popular y si la contratamos conseguiremos esa popularidad y aceptación para nuestra campaña".

La otra cara de la moneda es que si tus fotos consiguen popularidad cuando alguien las comenta o etiqueta como "favorita", las de los demás también lo consiguen cuando tu las visitas, comentas o etiquetas. Si tu puedes ver quién ha añadido tus fotos a su colección de favoritas, los demás también pueden verte a ti cuando lo haces. Cuando eso ocurre, te llega un mensaje de aviso diciendo "A Pepe Pérez le gustó tu foto de novia", como puedes ver en la siguiente ilustración.

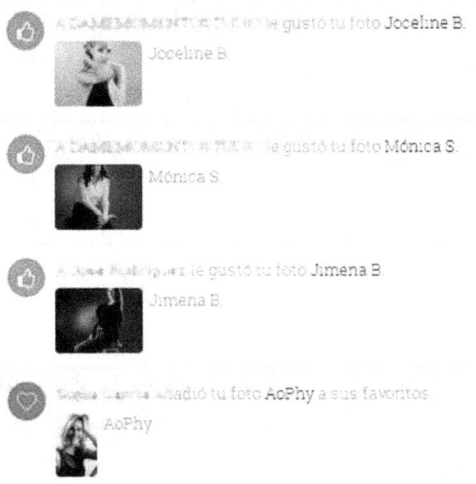

Lo normal en estas circunstancias es que si la foto del perfil te llama la atención vayas a ver quién es esa persona. Si es un fotógrafo, mirarás su trabajo a ver si coincide con tus gustos y valorarás si te gustaría o no trabajar con él. LO MISMO es lo que pasa al otro lado, cuando tu etiquetas una fotografía como "favorita" o le das a "me gusta". Ese fotógrafo al que le llega el aviso ve tu perfil y valora si eres el tipo de modelo que encaja en los trabajos que suele hacer y si le apetecería contar contigo para el futuro. Has conseguido VISIBILIDAD.

No te estoy diciendo que le des "me gusta" a todas las fotos que encuentres por ahí, ya que atraerías la atención de personas con las que a lo mejor no quieres trabajar. Sé sincera y marca sólo las fotos que de verdad te gusten. Un poco más arriba te dije que pongas fotos que representen el tipo de trabajo que quieras que te llegue.

Ahora te digo lo mismo: marca las fotos que tengan el tipo de trabajo que quieras que te llegue. Si lo haces con regularidad, terminarás teniendo "presencia" en el colectivo de fotógrafos, maquilladoras y productoras de tu zona y, tarde o temprano, te empezarán a llegar ofertas.

Comentarios a las fotos

Ya ha quedado claro el principio de que hay más cosas, aparte de publicar fotos, que puedes hacer para cultivar tu círculo de contactos. Aparte de valorar con un "me gusta" o añadir a tus favoritas las fotos que te vas encontrando, hay otras formas de interacción que puedes realizar de forma cotidiana. La más evidente es añadir comentarios a las fotos. Vamos a ver otra de las fotos de Aophy, en concreto la del vestido de novia, tumbada en el sofá, que también es una de las más populares de su perfil.

En la imagen que ves junto a estas líneas puedes apreciar de nuevo a la derecha esa columna con iconos de llamada a la acción para compartir en algunas redes sociales o marcar con un "me gusta". Debajo hay una caja de texto en la que puedes escribir tu comentario, que queda registrado junto al de otras personas en un hilo que se va acumulando ahí mismo.

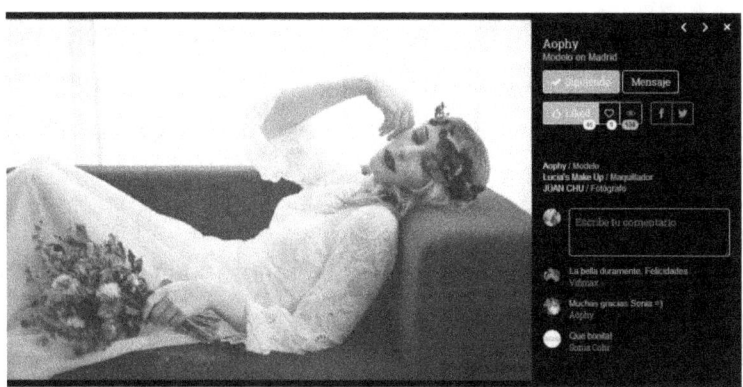

Hacer un comentario sobre una foto es una muestra de atención más efectiva que un "me gusta". Al fin y al cabo lleva un poco más de tiempo y esfuerzo, por lo que siempre se agradece. Además, los comentarios tienen algo muy bueno y es que funcionan como una especie de chat, ya que puedes responder a las notas que van dejando en tus fotos con más comentarios tuyos, como podemos ver que ha hecho Aophy en este caso.

Algunas sugerencias para que los comentarios sean eficaces:

* No seas falsa ni pelota. Si te gusta una foto, dilo, pero no vayas poniendo comentarios por todas partes para atraer la atención de los fotógrafos o productoras. Tampoco te pases con exageraciones, signos de admiración interminables o calificativos desmedidos. A medio plazo se darán cuenta de que pones a todo el mundo por las nubes, que no tienes criterio y que sólo lo haces para llamar la atención. En un momento dado se notará que es una pose y tendrá el efecto contrario a lo que se pretendía; en lugar de generar simpatía, puede que causes rechazo. "Fotón!!!!", "Eres un

crack, si es que eres lo mejor del mundo" o "Megarreleches chupi" son expresiones que no te van a ayudar mucho.

* No hables mal de nadie y no hagas comentarios negativos. Esta es una regla un poco delicada, ya que podría parecer que te estoy sugiriendo que seas falsa y no es así. Otra vez te insisto en que seas sincera, pero recuerda también lo que no estás en una comunidad para ganar amigos, "likes" o simpatías, sino para buscar trabajo. Todo lo que no genere oportunidades de negocio es una pérdida de tiempo. ¿Para qué vas a iniciar una discusión con nadie sobre un encuadre, una persona que te cae mal o cualquier otro conflicto? Limítate a ser profesional y a hablar del trabajo: "Bonita composición", "Me gusta mucho el efecto que has conseguido", "Este es el tipo de foto que a mí me gustaría que me hicieran", son expresiones amables y moderadas que no van a causarte ningún problema y que sirven para mostrar tu aprecio por el trabajo de otras personas.

* Sé original. No pongas el mismo texto en todas las fotos que comentas ya que, otra vez, a medio plazo terminará notándose que en realidad no prestas atención a ninguna de ellas. Trata de poner un comentario sobre el que hayas reflexionado y que tenga que ver con la foto que anotas. Sí, eso te va a llevar más tiempo, pero es que lo que te interesa es ser conocida como una profesional seria.

* Escribe bien. Cuando dejas un comentario en la foto de otra persona, éste va a quedarse ahí durante meses y años. Todo el que lo lea va a ver al lado tu foto y un enlace a tu perfil, de forma que es una tarjeta de presentación de tu persona, algo así como la primera impresión que pueden llevarse otros de ti. Hay una gran diferencia entre escribir "k lkra de foto tiaaaa… estas k l tiras" o "estás muy guapa en esta foto, sigue así". No se trata de que tu

ortografía sea toda tu persona, pero es un elemento más de la imagen que proyectas. Cuídala. Igual que te peinas, te vistes bien, intentas llegar a la hora a los trabajos… esos detalles que construyen tu imagen profesional ante los demás.

Todas estas reglas se pueden resumir en: "dedica un poco de tiempo y atención a lo que haces". Es mucho mejor que pongas uno o dos comentarios al día, comedidos, sinceros y atentos, a que llenes de expresiones absurdas como "Fotón!!!!!" todas las fotos que te encuentres en las actualizaciones del muro.

¿Y la espontaneidad? ¿Y la personalidad? Si sigues el consejo que te doy, llegará un día en que verás una foto que de verdad destaca del resto, que te ha impactado al verla y sobre la que quieres expresar una admiración sincera por encima de todo lo que ves a diario. Ese es el momento de poner "¡Vaya fotón! Me encanta". Una sola vez, con un sólo signo de admiración. Seguro que la persona que lo reciba lo apreciará muchísimo, por sincero, por excepcional y por atento. El efecto será que irás creando una comunidad de intereses y afinidades profesionales sólida y estable, en la que contarás con el respeto de todos los demás.

Qué hacer con la gente grosera

¿Y qué ocurre si alguien me pone un comentario fuera de tono? Le bloqueas. Vamos, no te lo pienses. Esta es otra de esas charlas que tengo de vez en cuando, en las que debatimos mucho qué hacer con los "babas" que te mandan mensajes inadecuados. Comprendo que el impulso de responder y ponerles en su sitio es muy fuerte, pero es una pérdida de tiempo y energía. Sólo vas a conseguir "alimentar a los trolls", que es como se llama a este tipo de diálogo en los foros de Internet.

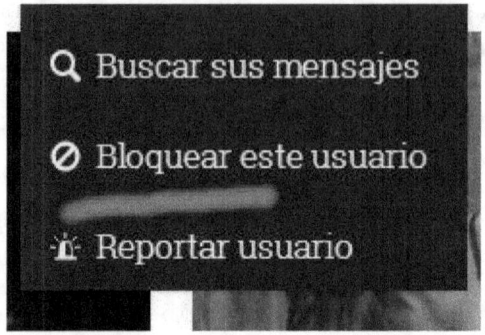

La psicología de muchos de los que se te acercan en Internet mandándote propuestas para quedar, mensajes subidos de tono o fotos de sus partes, es la de hacerse la ilusión de que tienen una relación contigo; han visto tu foto en tu muro o tu portafolio, les resultas atractiva y les gustaría tener algún tipo de acercamiento. Conozco el caso de uno que lo que hacía era copiar fotos de las modelos en su muro y poner comentarios, como si tuviera una conversación con ellas: "¿Cómo estás? Espero que te vayan bien esos estudios. Estás muy guapa, tenemos que quedar." Por supuesto, ni tenía relación con ellas ni era un diálogo, sólo era un comentario que ponía a la foto, intentando recrear la fantasía de tener una relación con chicas mucho más jóvenes que él (era un sesentón). A veces se despedía de la foto y, 2 ó 3 horas después, volvía a despedirse mandando un beso de buenas noches. Increíble, pero cierto.

Si te mandan una foto y tu la abres, en su mente piensan que han establecido un vínculo, que "no has podido evitar mirar su herramienta" y que los próximos días no te lo podrás quitar de la cabeza. No te estoy diciendo que tenga sentido, te estoy explicando cómo funciona. Bien, la cosa es que sin necesidad de alimentar para nada ese comportamiento, ya lo hacen, así que puedes suponer que cualquier interacción por tu parte es una forma de reforzar la fantasía. ¿Discutes con ellos? Es que te sientes interesada. ¿Intentas responder de forma amable? Es que quieres tenerles de amigos y hablar de vez en cuando. Su objetivo es tener algún tipo de relación, aunque sólo sean mensajes por un chat. La mayoría no quieren llevar a cabo ninguna sesión de fotos, sólo quieren añadirte a la agenda de contactos, tener la ilusión de que "son fotógrafos que se codean con modelos". Si les respondes, aunque sea para discutir, ya estás alimentando esa ilusión. Su objetivo no es quedar, es establecer contacto.

La única forma de responder es cortando por lo sano, de forma inmediata. Al bloquearlos no sólo impides que te manden más mensajes de acoso; en la mayoría de las comunidades y redes sociales ni siquiera pueden volver a ver tu perfil, fotos o mensajes.

Incluso sin llegar a estos extremos, si alguien tiene tan poco tacto como para mandarte un mensaje o poner un comentario grosero en una de tus fotos, es que no merece la pena trabajar con él. Y (de nuevo) no estás aquí para hacer amigos, sino para buscar trabajo. Bloquéale. Sin más explicaciones, sin mensajes de advertencia ni justificaciones. En Instagram, Facebook, Litmind... en cualquier sitio tienes la posibilidad de bloquear a alguien. No dejes que una grosería se convierta en un problema, una pérdida de tiempo mayor o una escalada de borderías por el chat. No merece la pena y sólo puede hacer que seas el centro de atención por una bronca y no por tu trabajo.

Esta sugerencia se extiende a los comentarios que puedan poner en tus fotos y no sólo a los mensajes que te manden directamente. Si pones una foto en bikini y alguien escribe "a ver si haces topless, que todo el mundo merece ver esas peras", borra el mensaje y bloquéale. La idea tras esta medida es que no permitas "en tu ambiente de trabajo" nada contrario a lo que te interesa. Si dejas comentarios de mal gusto en tus fotos, animarás a otros a seguir el hilo. Al que tenga la ocurrencia de decirte que te pongas en topless, puede venir otro detrás y rematar ofreciéndose a ponerte la crema de protección solar. Se ha abierto un camino que no se para con buenas maneras.

¿Y haciendo eso no perderé oportunidades de trabajo? Es algo que te puedes preguntar. La respuesta es que sí, es muy probable que pierdas alguna oferta. Pero no de las que te interesan. Tienes que plantearte en qué circunstancias quieres trabajar, con qué tipo de personas quieres relacionarte profesionalmente. ¿Quieres llegar al estudio y sentirte respetada o estar sorteando comentarios e insinuaciones? Sí, vas a perder ofertas, pero es que lo más probable es que te venga bien perderlas. Mejor 2 ó 3 a gusto que 10 en tensión.

Piensa en la herramienta de bloqueo como una especie de "derecho de admisión". Este es tu muro de trabajo, tu perfil, y aquí se viene a hablar de trabajo o de fotografía. Y el que no esté de acuerdo, se le echa sin contemplaciones. Y ya está.

Otras formas de interacción

Las llamadas a la acción más comunes son el botón de "me gusta" y los comentarios, pero hay muchas más. No todas están presentes en todas las comunidades, pero siempre son alguna forma de interacción con otros usuarios. Para ti el interés reside en que sirven para definir tu gusto ante los demás y señalar tu presencia. Las fotos que etiquetes como favoritas y aquellas en las que hagas comentarios positivos les dirán a los demás qué tipo de trabajos son los que buscas, reforzando la selección de imágenes que pongas en tu portafolio personal.

Ya hemos visto un poco más arriba que Litmind, por ejemplo, permite dos grados de "me gusta": uno básico, que consiste en el típico icono con el pulgar hacia arriba, y un "me encanta" o "favorito", que consiste en un corazón de color rosa. Está claro que si alguien marca una foto tuya con un corazón, es que le ha causado una impresión muy buena. Es un mensaje sencillo y positivo que puedes mandar al resto de la comunidad y al autor de la imagen

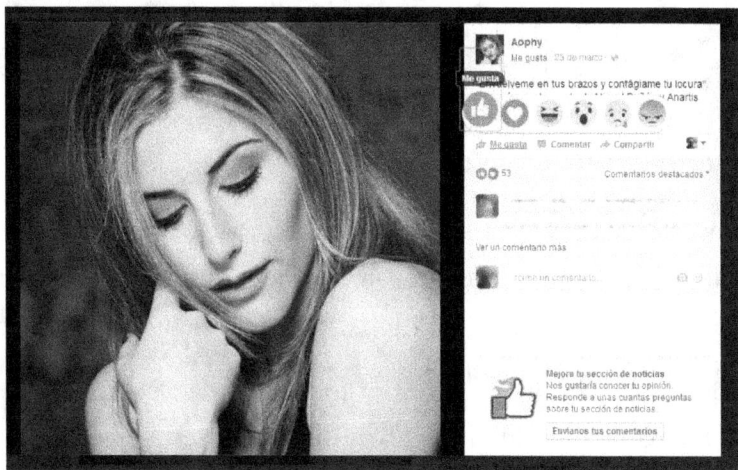

Facebook ha introducido hace pocos meses diversos tipos de interacción, permitiendo que pongas un "me encanta" o "me divierte" a las fotos y comentarios que te encuentras en el muro. Es el mismo concepto: con tus interacciones le dices al mundo qué es lo que buscas.

Model Mayhem tiene listas, que son una especie de álbumes en los que puedes ir agregando todas las fotos que te llamen la atención. No tienes límite de listas de fotos. Piensa lo bien que queda una lista titulada "Fotos que me gustaría que me hicieran". Cada vez que añadieras una foto a una lista así estás mandando dos mensajes: al fotógrafo le dices que su trabajo te gusta, lo cual es algo positivo, y al resto del mundo le dices que si quieren encargarte trabajos eso es lo que estás buscando.

Compartir fotos en otros sitios, como Twitter y Facebook, es una forma alternativa de hacer esas listas. Cada vez que compartes una imagen en el muro de tu cuenta de Facebook, ésta se añade a un álbum especial llamado "fotos de la biografía". Así que si la comunidad en la que estás dada de alta no tiene esa función, puedes hacer algo parecido con tu cuenta de Facebook.

En resumen...

En este capítulo hemos visto ideas y trucos para utilizar tu cuenta en cualquier comunidad de modelos, tomando como ejemplo las funciones de Litmind. Lo que hemos visto puede resumirse en los siguientes puntos:

* La parte más importante de tu cuenta es el portafolio o "book" fotográfico, ya que es lo que conseguirá llamar la atención del visitante ocasional y provocar su curiosidad por estudiar tu ficha con más detenimiento y valorar si eres la persona adecuada para un trabajo.

* De entre todas tus fotos, elije dos para la cabecera de tu perfil: un retrato de frente, con la cara limpia y a ser posible sonriendo, como imagen de "avatar"; también necesitarás una foto horizontal

para el "banner" que suelen tener todas las cuentas en la parte superior. Elije esa foto de forma que refleje el tipo de trabajo que más te interesa conseguir.

* Estructura el resto de tu portafolio en 2 ó 3 álbums, uno por cada tipo de trabajo que te interesa. De esa forma facilitas el estudio de tu perfil y refuerzas el mensaje del trabajo que buscas.

* Cuando pidas fotos, procura que te lleguen con el mayor tamaño y calidad posible. Intenta conseguirlas a su tamaño original, con una compresión 10 u 11 en Photoshop. Si esto no es posible, el mínimo sería un tamaño de 1.200 a 1.600 píxeles en su lado más largo, con compresión 8.

* Siempre que subas fotos a una comunidad o red social para incrementar tu portafolio, intenta añadir toda la información posible para facilitar que otras personas la encuentren. Añade título, descripción y palabras clave (hashtags) que reflejen el contenido de la imagen.

* Si el servidor lo soporta, etiqueta a todo el equipo creativo que participó en la producción, incluyendo el fotógrafo, otras modelos, estilistas, peluqueros y fotógrafos.

* Poner fotos no es suficiente para atraer la atención. Es una estrategia pasiva que depende mucho de la suerte. Las estrategias activas son mucho más eficaces para darte a conocer e ir creando un círculo de relaciones profesionales.

* Las acciones que puede realizar un usuario sobre el contenido de otro se denominan "llamadas a la acción". La más típica es el botón de "me gusta" que puedes encontrar en casi todas las comunidades y redes sociales. Es un mensaje breve y sencillo que va configurando tu gusto frente a otras personas.

* La segunda llamada a la acción más poderosa que puedes usar es el comentario. Sé breve, positiva, educada y cordial, pero no hagas la pelota ni te pases en elogios.

* Corta cualquier tipo de comentario grosero o fuera de tono, tanto en tus hilos como en tus fotos, de forma radical, bloqueando al usuario que los haya hecho. Discutir sólo va a servir para alimentar ese comportamiento, consumir tu energía y crear un mal ambiente en tu entorno de trabajo. No lo permitas.

* Usa todas las llamadas a la acción e interacciones a tu alcance, explorando las posibilidades de cada comunidad o red social en la que te des de alta. Las reglas son siempre las mismas: se moderada y constante, para ir creando un círculo de relaciones y una imagen pública de tu gusto y los trabajos que buscas.

Hasta aquí, hemos visto el uso puntual que se puede hacer de las herramientas que tienes a tu alcance. En el próximo capítulo voy a proponerte un plan de trabajo regular para que alcances tus objetivos.

Capítulo 3
Tu plan de marketing

Hasta aquí has visto cómo usar algunas las herramientas más comunes que puedes encontrar en cualquier comunidad on-line de fotografía y modelaje. Puedes subir fotos, hacer comentarios, señalar tus fotos favoritas. Sorpresa: nada de eso sirve para que te ganes la vida. Bueno, la afirmación tiene trampa. No sirve de nada, si lo haces de forma ocasional. El secreto del éxito está en la regularidad.

Ya puedes subir un par de fotos maravillosas de forma puntual y te aseguro que es casi imposible que nadie te vaya a contratar. Sube una buena foto todas las semanas y te llegará alguna oferta. Hazlo todos los días y tendrás mejores ingresos que en cualquier trabajo de oficina. Los ingresos combinados de publicidad y remuneración por las sesiones pueden llegar a ser muy importantes.

En este capítulo voy a proponerte un plan de trabajo o, de forma más precisa, un plan de marketing. La diferencia es que el plan de trabajo te diría qué tienes que hacer, pero el plan de marketing te añade por qué tienes que hacerlo.

Para ello tengo que explicarte algunos conceptos que no tienen nada que ver con posar, desfilar o maquillarse, pero creo que son importantes y te pido un poco de paciencia y atención. Seguro que lo encuentras interesante.

El valor de mercado

Si tienes un smart-phone es posible que hayas cambiado de modelo dos o tres veces en los últimos años. Son aparatos muy útiles, pero debido al rápido avance de la tecnología tienen una vida comercial muy corta y los fabricantes deben sacarles todo el rendimiento que puedan en un periodo de pocos meses. A veces no llega ni a un año.

El Apple iPhone 3GS, por ejemplo, fue un gran producto en su momento. Tenía varios "gigas" de RAM y fue el primer modelo que aceptaba órdenes de voz, iniciando el camino para los asistentes integrados como Siri. Su precio de lanzamiento fue de 499 € en 2009. Hoy los encuentras de segunda mano por 20 o 50 € como mucho y en estos años han salido 3 ó 4 nuevas generaciones del iPhone que han incrementado la resolución de la cámara, el tamaño de la pantalla, la potencia de la batería y las funciones del sistema operativo, aparte de que el diseño se ha retocado continuamente y cada vez son más estilizados.

El "valor de mercado" es lo que el producto vale para el mercado en un momento dado, lo que incluye el valor de oportunidad. Cuando lo lanzaron, el 3GS valía casi 500 € y ahora no llega a la décima parte. Esta variación se debe a que las cosas valen en la medida que resuelven problemas a la gente. El iPhone 3GS permitía almacenar más imágenes, tenía más autonomía y más funciones que otros modelos de su época. Por eso "valía" más. No porque Apple le pusiera un precio determinado, sino porque a la gente le resolvía problemas. Su estabilidad, la calidad de los componentes y el hecho de que se averíe más o menos que otros modelos, son elementos que forman parte de esa solución.

El mismo concepto se puede aplicar a tu trabajo como modelo. Tú tienes un "valor de mercado" en la medida en que resuelvas problemas a otras personas. Una agencia de publicidad necesita crear campañas efectivas, que atraigan la atención del consumidor y creen una sensación de que el producto que presentan se ajusta a sus necesidades. Por ejemplo, una crema de manos. Como modelo, tú debes resolver el problema de que las manos que aparezcan en la campaña sean perfectas, atractivas, proporcionadas y bien cuidadas, características que podemos asociar a una buena crema de cuidado de la piel. Y lo mismo podemos decir de cualquier otro producto que pueda apoyarse en las manos. Si vemos un anuncio de cava, lo ideal es que la mano que sujete la copa sea bonita, atractiva, que complemente el entorno en el que se consume esa bebida. Cuanto mejor resuelvan tus manos el problema de que todo lo que se apoye en ellas sea atractivo, más éxito tendrás como modelo y más ofertas de trabajo te harán las agencias de publicidad.

¿Quieres ser modelo de fitness? Una modelo de este tipo puede "vender" ropa deportiva, aparatos de gimnasia, productos de nutrición y cualquier otra cosa relacionada con el cuidado y el ejercicio personal. La imagen que debe dar es la de alguien que se cuida, por lo que cuanto más eficaz seas en "vender" con tu imagen ese equilibrio entre salud, deporte y feminidad, más valor de mercado tendrás. Porque si hay algo que aterroriza a la mayoría de las clientes que acuden a un gimnasio es que hacer ejercicio de cualquier tipo las convierta en "marimachos" de cuerpos musculados y poco femeninos, así que si muestras que ese equilibrio es posible, estás resolviendo un problema de comunicación que vale dinero.

Quedamos entonces en que tu valor de mercado es la capacidad que tienes de resolver problemas mediante el servicio que ofreces. En tu caso como modelo, ese servicio es tu capacidad de apoyar con tu imagen cualquier producción de fotografía o vídeo para transmitir un mensaje, ya sea comercial o artístico. Por tanto "maximizar el valor de mercado" es aprovechar al máximo las oportunidades que pueda haber para tu oferta. Puede que seas una buena modelo de fitness, pero si nadie te conoce no te llegaran propuestas. Puede que seas una modelo de pasarela excepcional, pero si nadie ve cómo te quedan las prendas de muestra, no te van a llegar ofertas.

Así que el marketing es todo lo que puedes hacer para que te lleguen esas ofertas y recuperes el tiempo, esfuerzo y dinero que hayas invertido en tu preparación. Y para ello debes tener un plan. En otra guía de esta colección vemos cómo dar el primer paso, que consiste en definir tu imagen de marca. Es decir, la forma en que los demás te perciben. El siguiente paso es cómo difundir esa imagen, para lo cual necesitas un plan de trabajo y una serie de herramientas.

Bien, todo esto que acabo de explicarte, tomar conciencia de que vendes un servicio, que ese servicio tiene valor según los problemas que resuelves a los demás y que para darte a conocer tienes un conjunto de herramientas que debes usar adecuadamente, forma en su conjunto la esencia de un plan de marketing: qué vendo, cómo lo doy a conocer y cómo lo rentabilizo. Fíjate que he incluido al final la parte económica y tengo que volver a insistir en lo que te dije en la introducción: todo lo que te estoy contando es para que te puedas ganar la vida como modelo. Un perfil de Facebook con 50.000 seguidores que no te genera ingresos no sirve para nada. Una modelo que utiliza los 50.000 seguidores de su cuenta para incrementar su caché es toda una profesional.

El embudo de marketing

¿Cuál es tu objetivo? Ganar dinero como modelo; al principio de forma ocasional y, si es posible, que llegue a ser tu forma de vida. Por tanto, TODO lo que hagas debe apoyar tu perfil y un solo objetivo: conseguir ofertas de trabajo. Absolutamente todo lo que hagas tiene que tener como finalidad que cada día lleguen a tu buzón de correo electrónico una o dos propuestas de trabajo.

Decía un amigo mío que la primera vez que vendes algo a alguien ha sido suerte. El momento en que haces una venta de verdad es cuando esa persona viene a comprarte algo por segunda vez. Piensa en ti misma cualquier día que sales a tomar algo por la calle. Siempre hay una primera vez que vas a una zona de ocio nueva, ya sea un barrio o un centro comercial. ¿Dónde te metes? A no ser que optes por una cadena de franquicias, en las que la comida es igual en todos los restaurantes, no tienes ningún motivo para saber si te van a atender mejor o peor en un sitio determinado. Así que habláis entre todas las del grupo y decidís probar un local de tapas que tiene buena pinta. Eso no es una venta, eso es suerte. Habéis entrado porque estaba ahí, porque os ha llamado la atención la decoración o los precios, pero nada más. Lo importante es que si os tratan bien, si los precios son razonables y la calidad de lo que os ponen es decente, salís con una sensación de haber acertado y anotáis mentalmente el sitio como una buena opción para repetir. Lo normal es pensar "ya sé un sitio al que podemos venir por esta zona". Así, la siguiente vez que quedáis es muy probable que alguien mencione el local de tapas de la última vez y proponga repetir. Eso sí ha sido una venta, porque os habéis convertido en clientes fieles. Exactamente lo mismo es lo que tienes que hacer con tu perfil profesional como modelo.

Debes pensar en la actividad de marketing como en una especie de embudo que avanza y que va filtrando un montón de gente. Al principio cae mucha en el embudo. Son todos aquellos que ven de forma ocasional una foto tuya en cualquier sitio y les llama la atención. De todas las personas que ven tus fotos y llegan a tu perfil, algunas te mandarán una propuesta de trabajo. Es como cuando vas por la calle buscando un local de tapas: pasas frente a muchos y en algunos de ellos decides entrar y mirar los precios. Si te convencen, pasas y te quedas. De la misma forma, muchos fotógrafos verán tu perfil y se animarán a mandarte una propuesta, pero no todas las propuestas que te lleguen serán buenas. Algunos te ofrecerán muy poco dinero o incluso que trabajes gratis, sólo por el intercambio de fotos. Otros te pedirán que participes en proyectos que no tienen nada que ver con tus intereses. De todo lo que te llegue sólo un pequeño porcentaje serán ofertas interesantes por su importe y contenido.

De esas ofertas sólo unas pocas se convertirán en trabajos realizados, ya que una cosa es hacer una oferta y otra muy distinta que al final sea posible hacer el trabajo. A lo mejor no te cuadran las fechas o finalmente se cancela, o eres una candidata entre otras quince y no superas el proceso de selección.

Finalmente, consigues el trabajo, lo haces y te pagan por él. ¿Ha terminado el proceso? No, porque falta un elemento muy importante, que es lo que pasaba al final de tu visita al local de tapas: la recomendación. No siempre lo vas a conseguir, pero lo que más valor tiene de todo esto es que al final la gente que te ha contratado vaya diciendo que eres una persona seria y profesional, que llegas a tiempo y que las fotos que se hicieron contigo han quedado perfectas.

Piensa ahora en alguien que vaya buscando modelos para otro proyecto y llega a tu perfil. Le gusta tu aspecto y encajas en el tipo de trabajo, pero hay otras 20 chicas que también lo hacen. Vuelvo a preguntarte lo de antes. ¿Por qué va a elegirte a tí y no a otra? Sencillamente, porque si has hecho bien todo lo anterior, no solo tendrás un book lleno de fotos espectaculares, sino que tu perfil estará lleno de comentarios y recomendaciones. Eso es lo que genera la confianza de que alguien diga "entre todas las que hemos encontrado, esta es la que más garantías nos da de que la campaña va a ser un éxito y el trabajo se va a desarrollar sin contratiempos". Es decir, les vas a resolver su problema. ¿Te acuerdas de lo que te decía hace un rato? En esto como en cualquier otra cosa siempre vas a ganar más dinero si le resuelves los problemas a más gente. Esa gente se llaman fotógrafos, agencias y productoras y tienen que sacar adelante proyectos y campañas para las que necesitan modelos que trabajen bien, no sólo que sean bonitas.

Este proceso se enseña en las escuelas de negocio de todo el mundo y se llama "embudo de marketing" o "marketing funnel". Para ilustrarlo he utilizado un diagrama de la empresa InTheKnow que puedes ver junto a estas líneas. No importa que esté en inglés o que no se lea muy bien lo que pone. Lo he elegido porque quería que vieses que no es algo que te cuento por las buenas, sino que es una técnica de captación de negocio que se utiliza en todo el mundo, en todos los ámbitos de negocio.

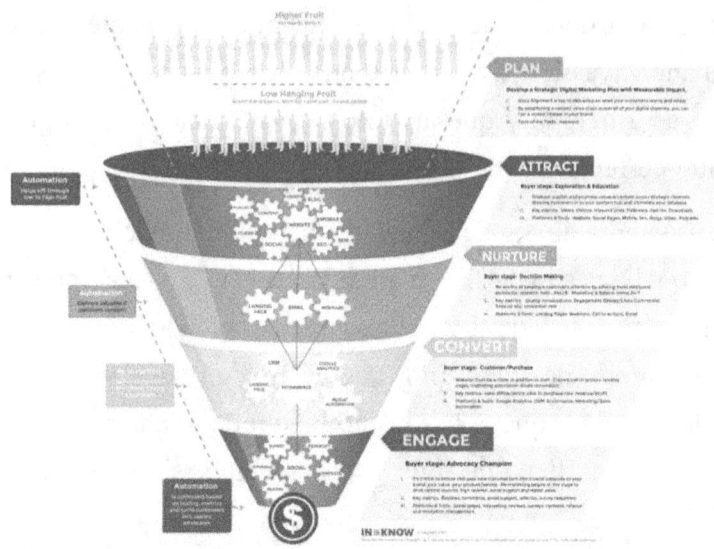

Si te fijas en el diagrama, verás que empezamos por arriba, por un plan que te permite atraer un montón de gente hacia tu oferta (ATTRACT). Eso es lo que haces con las fotos y actualizaciones que pones en tus perfiles, así como la interacción con otros miembros de la comunidad. A continuación valoras y seleccionas aquellas propuestas que te hacen llegar (NURTURE). Si has hecho bien todo lo anterior y eres una buena profesional, esa oportunidad se convierte en una venta (CONVERT), pero el verdadero interés está en que la gente con la que has llegado a trabajar te recomienden a otras personas (ENGAGE).

Bien esto es lo que TÚ quieres: conseguir ofertas de trabajo y recomendaciones. Todo lo que pongas en tu perfil de modelo debe apoyar ese objetivo. Todo lo que haya en las comunidades en las que te des de alta debe servirte para alcanzar ese fin.

Una comunidad de modelos, como One Model Place, Model Mayhem o Litmind, es el sitio que te proporciona las mejores herramientas para conseguir ese objetivo, sencillamente porque todos los miembros de la comunidad comparten el mismo interés que tu por la fotografía. Por eso es por lo que se han dado de alta. Si pones la misma foto de una sesión en Facebook y en Entre Modelos, hay muchas más posibilidades de que te genere una oportunidad de trabajo en el segundo sitio que en el primero.

Para cada una de esos pasos de tu estrategia de marketing tienes que poder hacer ciertas cosas:

* Captación, una comunidad tiene que proporcionarte un book fácil de gestionar en el que puedas publicar las imágenes de los trabajos que vas publicando.

* Selección, también debe proporcionarte algún sistema de mensajería para que puedas recibir y responder a las ofertas que quieran hacerte otros miembros de la comunidad.

* Recomendación, finalmente es muy importante que puedas fortalecer los lazos profesionales mediante recomendaciones, ya sea en forma de pequeñas acciones, como poner "me gusta" en una foto, o comentarios de agradecimiento.

Elige bien dos o tres comunidades para empezar

Ya que estamos hablando de Facebook, buscar trabajo de modelo es igual que meterte en una red social: al principio buscas a los amigos cercanos y vas enlazando con ellos, pero en algún momento alguien a quien no conoces directamente te pide entrar en contacto: puede que te haya visto en la lista de amigos de otra persona y le has parecido una persona interesante. Las relaciones en el mundo de la fotografía son iguales. Al principio es posible que no conozcas a nadie. Pones algunas fotos de muestra, que haces con un amigo o pagando el book en alguna agencia, y te llegan propuestas de intercambio. Ese pequeño grupo de gente con el que has trabajado para crear tu book es el equivalente a tu primer círculo de amistades en una red social.

A medida que haces trabajos e intercambios, vas aumentando el número de fotos en tu perfil y la regularidad con la que las publicas. También aumenta la diversidad, ya que cada nuevo trabajo se realiza con un escenario, una iluminación y un estilo distintos. Y lo normal es que tengas más exposición en el muro de actualizaciones, de forma que hay más posibilidades de que otras personas te ofrezcan intercambios o tus primeras sesiones pagadas.

Bien, una parte importante de tu trabajo es mantener ese proceso de publicación de fotos, captación de oportunidades, selección de propuestas y expansión de la red de contactos. Y nada de ello tiene que ver con posar y hacerte fotos en una sesión. Ser modelo es un trabajo como otro cualquiera y puede que posar sea sólo el 10 o el 15% de lo que tienes que hacer. Es un cálculo que ya hemos visto al principio del capítulo, al estudiar el embudo de marketing: para que te lleguen 20 ó 30 propuestas, tienen que verte 200 o 300 personas. De esas 20, sólo 5 ó 6 serán ofertas de trabajo válidas, con una remuneración económica y perfectamente ajustadas a tus intereses. De éstas, sólo 1 se convertirá en un trabajo real. Y si quieres ganarte la vida como modelo tienes que hacer 2 ó 3 sesiones a la semana, así que tienes que conseguir que todos los meses te vean de 3 a 4.000 personas. Juntando todos tus canales de marketing, todas las comunidades y redes sociales en las que estés dada de alta, todas las agencias en las que puedan tenerte registrada, todo lo que haces debe proporcionarte esa visibilidad continua para que te lleguen los 6, 7 o 10 trabajos al mes que van a suponer tu fuente de ingresos. En esto consiste una estrategia de marketing y ventas.

Eso son muchas personas, muchas actualizaciones y muchos mensajes que te llegan todos los meses, con propuestas que en su mayoría sólo son una pérdida de tiempo. Pero es así en cualquier profesión. Piensa en una tienda de ropa; para que alguien se lleve una prenda, tienen que entrar 15, 20 ó 40 personas a mirar. Y hay que atenderlas a todas con la misma atención. Pues lo mismo te pasa a ti. Aunque muchas propuestas no lleguen a nada, tienes que atenderlas todas y ser constante en las actualizaciones que haces con nuevas fotos y comentarios a las fotos de otros.

Una cosa que hay que tener en cuenta es que posiblemente quieras empezar en el mundo del modelaje de forma progresiva, haciendo alguna sesión suelta por las tardes o en fines de semana. Muchas chicas empiezan dedicando el tiempo que les dejan otros compromisos, como sus estudios o un trabajo de jornada completa. Eso quiere decir que también tendrás un tiempo limitado para atender tu red de contactos profesional. Por tanto, sólo puedes darte de alta en 2 ó 3 comunidades, si quieres atenderlas bien y que no se te escape nada. Este es el motivo por el que debes elegirlas con mucho cuidado, ya que debes escoger aquellas que te den la mayor exposición y las mayores oportunidades de que te lleguen propuestas de trabajo.

Con las comunidades de modelos ocurre lo mismo que con las redes sociales: hay un puñado de ellas muy grandes en las que casi es obligatorio estar y luego hay un montón de opciones menores que pueden ser interesantes. Facebook es un sitio obligatorio, ya que tiene casi 1.600 millones de usuarios. Eso es el 25% de la población del planeta. Una de cada cuatro personas están dadas de alta en Facebook y todos los días lo visitan más de 1.000 millones de personas. Pero ¿merece la pena darse de alta en LinkedIn? ¿Y en Instagram? ¿Y en Pinterest?

Pues lo mismo pasa con las comunidades. Lo que pasa es que si te digo nombres como Fotoplatino, Entre Modelos o No solo top, es posible que te quedes en blanco, ya que lo normal es que no conozcas ninguno de estos sitios. En la última parte de este libro encontrarás un apéndice con un análisis detallado de algunas de las más conocidas. Para empezar, es suficiente y en el sitio web escuelademodelos.eu irán apareciendo más análisis, por lo que te aconsejo que le eches un vistazo o mandes un correo preguntando por alguna en concreto, si es que la que te interesa no aparece entre las que he incluido aquí.

Para simplificar, tienes dos grandes alternativas: o quieres trabajar sólo dentro de España o también quieres hacerlo fuera. En el primer caso, las comunidades que te recomiendo son Litmind, Model Management y Fotoplatino. En el segundo, Litmind, Model Mayhem y One Model Place. Tienes todos los enlaces al final y también puedes encontrarlas con facilidad por Internet.

El criterio que he seguido para recomendártelas está basado en los siguientes puntos:

* Número de fotógrafos o agencias que puedes encontrar.

* Número de ofertas y castings que publican con regularidad.

* Características del paquete gratuito que ofrecen, para que empieces a moverte.

* Número de fotos que puedes subir al perfil.

La determinación es la clave del éxito

Ya estás dada de alta, ya has anotado los datos más importantes en tu ficha, ya has elegido una buena foto de perfil y un fondo para tu cuenta, ya estás familiarizada con los conceptos básicos de marketing y las técnicas más efectivas para llamar la atención de posibles fotógrafos y agencias que te puedan contratar. ¡Lo tienes todo en su sitio! Ahora puedes sentarte en la orilla y esperar a que piquen los peces o salir en barca en medio del mar y buscarlos. Seguro que alguno pica en la orilla, pero también es seguro que encontrarás muchos más si te mueves.

Soy muy crítico con el trabajo que hacen ahora mismo las agencias de modelos por una razón muy sencilla: lo que suelen hacer por ti es mucho menos de lo que te he contacto hasta ahora en este libro. Lo normal cuando entras por la puerta de una de estas agencias es que te digan que prometes mucho, que tienes un gran futuro, que vas a ganarte muy bien la vida… y que puedes empezar contratando con ellos un "pack básico" que consiste en que te den de alta en su base de datos e incluyan tus fotos en el catálogo que ven sus clientes todos los días. Si además contratas con ellos el book especial-para-modelos-que-empiezan, seguro que te llueven las ofertas.

A cambio del dinero que pagas, lo único que suelen hacer es (en efecto) poner tus fotos en su base de datos. Y se acabó. Lo mismo que era válido para Litmind es válido para una agencia; si meten tu ficha entre las de otras 200 ó 1.000 modelos, ¿qué probabilidades hay de que alguien encuentre la tuya? Exactamente, muy pocas. Como mucho, es posible que de vez en cuando te manden un aviso para un casting en el que tendrás que hacer cola y competir con otras cincuenta chicas. Te voy a contar un secreto: les da igual que te contraten o no; a las agencias les pagan por el proceso de casting, no por las chicas que contratan. Lo importante es que metan a 30 ó 40 chicas en la sala, para que al cliente le parezca que tienen una gran base de datos en movimiento. Imagínate la cara que se les quedaría si piden un dineral por el casting y sólo se presentan cuatro modelos; necesitan que haya decenas de chicas deseando conseguir el trabajo. El problema es que tu negocio no es hacer cola en los castings. Para eso, te lo haces todo tu sola y sales ganando.

Mi posición sobre las agencias se resumen en una regla muy sencilla: si te cobran, no te interesa. Una agencia tiene que hacerte ganar dinero, no generarte un gasto. Para que una agencia te cobre tendría que buscar activamente trabajos para tí, estudiar tus fortalezas y debilidades y ver qué oportunidades son las más adecuadas. Pero como no lo van a hacer, porque eso implicaría dedicarte un montón de tiempo y no les llega ni tanto trabajo ni de tanto nivel como para que sea rentable, lo único que van a hacer es eso: ponerte en la base de datos y mandarte a castings. Al cabo de unos meses de hacer cola, te llegará un mensaje para que renueves tu suscripción. Si se te ocurre cuestionar la rentabilidad del gasto, la respuesta más probable es que la culpa es tuya, porque tu book es antiguo. Tienes que renovarlo y para eso tienen otro pack para modelos-prometedoras-que-ahora-van-a-triunfar. Es decir, más dinero. Ya te lo dije al principio: el negocio de las agencias mediocres es sacarte dinero a ti, no a las productoras, sencillamente porque no pueden hacer otra cosa. No entres en el juego. Hazte empresaria de ti misma.

¿Y no hay ninguna agencia que merezca la pena? Si, claro que las hay. Hay muchas, muy serias y con muy buenas relaciones, pero no les interesa tratar contigo. Lo que te voy a decir es crudo, pero es lo que hay. No se lo pueden permitir. Necesitan saber que el tiempo que te van a dedicar va a generar una buena rentabilidad, porque tienen que pagar nóminas, oficinas, equipos, relaciones y actividades. Son empresas serias y tienen que generar un elevado volumen de facturación. Es lo mismo que le pasa a las discográficas: son capaces de generar grandes volúmenes de venta de los discos que producen, pero tienen que decidir a quién promocionan con mucho cuidado porque, incluso con sus enormes recursos, no pueden abarcar a todo el que llama a sus puertas.

Hay una buena noticia: todo esto te beneficia. De verdad, la situación te beneficia. Las grandes agencias no son empresas malvadas que quieren ignorarte. Simplemente, tienen un esquema de negocio que consiste en explotar a las modelos con valor de mercado. El esquema de las agencias mediocres es hacerte creer que son una gran agencia y aprovecharse de tu ingenuidad e ilusión para sacarte dinero. Así de claro. No lo hagas, no entres en su juego. No es tu negocio.

Esto, tradicionalmente, imponía un enorme obstáculo para acceder a la profesión: o las agencias detectaban que tenías ese valor en la primera visita o no tenías futuro. Pero, como venimos comentado desde el principio, Internet ha cambiado el escenario. Ahora un chaval puede darse a conocer cantando a través de redes sociales como Facebook o YouTube, conseguir una base de seguidores importante y utilizar esos números para negociar de forma ventajosa con las grandes discográficas. ¿No te sueno lo que te estoy diciendo? Porque es el caso de Justin Bieber o Cody Simpson.

En tu primera etapa como modelo no te lamentes porque las grandes agencias no te presten atención. Eso no debe deprimirte, debe alentarte. Tienes que conseguir que llegue un momento en que sean ellos los que te llamen a tí, porque has alcanzado 30, 50 o 100.000 seguidores en Instagram o Facebook. Y en ese momento lo que tendrás que hacer es negociar con ventaja. No serás una desconocida que tiene que agradecer que la atiendan, sino una modelo con valor de mercado, a la que hay que pagar en consecuencia por haberse currado el camino hasta ese punto. Esto es lo que hago yo con algunas modelos con las que trabajo, es lo que hace mucha gente y es lo que tienes que hacer tu: perseverar.

Hay una cita del presidente americano Calvin Coolidge que me encanta y siempre ha formado parte de mi motivación personal, por lo que ahora te la recomiendo a tí: *"Nada en el mundo sustituye a la persistencia. El talento no la sustituye, pues nada es tan corriente como los frustrados con talento. El genio tampoco, ya que el ingenio sin recompensa resulta casi proverbial. La formación tampoco, pues el mundo está lleno de fracasados con titulación. Solamente la persistencia y la determinación lo consiguen todo. El lema "aprieta" ha resuelto y siempre resolverá los problemas de la raza humana"*. Copia esta cita, imprímela en letras grandes para hacer un cartel con ella y póntela en la pared, enfrente de tu rincón de trabajo. Todo se resume en una sola palabra: "drive", "determinación".

Entre los dos puntos que estoy comentando, entre ser una modelo aficionada que hace sus primeros intercambios y una modelo profesional que puede negociar sus tarifas de trabajo y publicidad, hay un amplio abanico de pasos intermedios y tienes que encontrar cuál es tu sitio. Los resultados dependerán de la persistencia y regularidad que emplees. ¿Quieres ser una buena profesional? Empieza a trabajar de forma regular y constante en un plan regular de actividades. Ese plan de trabajo se puede estructurar en cuatro niveles:

* Cosas que tienes que hacer todos los días.

* Cosas que tienes que hacer todas las semanas.

* Cosas que tienes que hacer todos los meses.

* Cosas que no puedes planificar, pero que hay que hacer.

Tareas diarias

Para cada uno de los tres periodos que te acabo de señalar, tienes un objetivo concreto. En el plazo más corto, el día a día, ese objetivo es fomentar las relaciones sociales, el "networking". Para ello sólo tienes que dedicar un rato todos los días a repasar las novedades de las comunidades en que estés dada de alta.

Todos los días hay gente que sube fotos nuevas de su trabajo y, como hemos visto en el capítulo anterior, es una buena oportunidad de interactuar con ella y ampliar tu círculo de contactos. Si estuviésemos hablando de una red social, como Facebook, esto quiere decir ver las actualizaciones que han puesto tus contactos en el muro. En Litmind o Model Mayhem no hay muro, pero sí suele haber una sección dedicada a ese flujo continuo de fotos que van subiendo los miembros.

En Litmind, busca en el menú de en la parte la opción "Descubrir" y elige "Populares". Litmind tiene un número de miembros bastante elevado y, por tanto, las actualizaciones tienen una buena continuidad. Esta opción te mostrará aquellas fotos que ya cuentan con la aprobación de otros miembros porque, desde el momento en que se publicaron, están recibiendo un buen número de "likes" y comentarios. Es decir, te interesan precisamente porque tienen visibilidad. Puedes buscar actualizaciones con otros criterios, como la selección editorial que hacen los administradores del sitio en la opción "Staff picks"; depende del tiempo que puedas dedicarle.

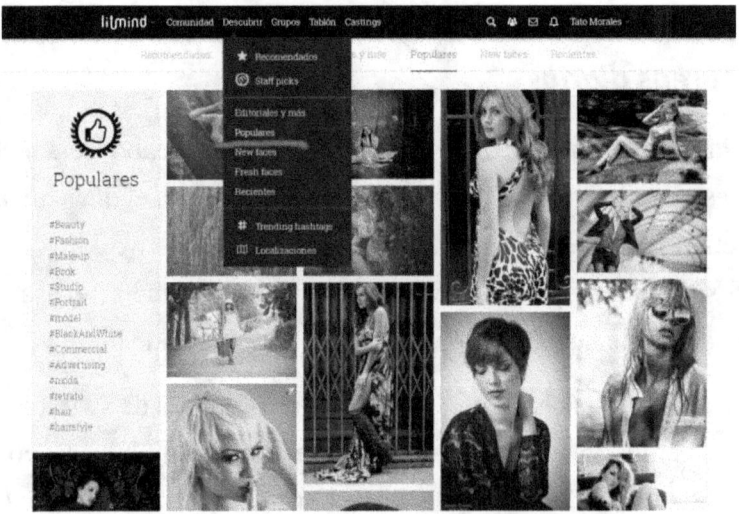

Lo importante es que no tienes que buscar las fotos que te gustan (sorpresa), sino aquellas que contienen el tipo de trabajo que quieres que te llegue. Puede que te parezca un poco sorprendente, pero lo vas a entender en seguida con un ejemplo un poco exagerado. Seguro que te gustan las fotos de atardeceres. En fotografía decimos que es un tipo de foto "agradecido", porque sin complicarte mucho la vida desde el punto de vista técnico quedan fotos que le gustan a casi todo el mundo. El problema es que las fotos de atardeceres son fotos de naturaleza, en donde el protagonista es el paisaje. Nadie te va a pagar por una foto del sol hundiéndose en el horizonte.

Ya, ya sé que podrías decirme que hay fotos de moda de baño muy bonitas al atardecer. Seguro que me entiendes. Una cosa es una foto de ropa, donde la protagonista es la modelo y lo que lleva, y otra cosa es una preciosa puesta de sol en el mar con las gaviotas volando al fondo. Puede que te gusten las fotos de publicidad en las que una modelo de pelo largo lo agita para mostrar la efectividad de una crema suavizante, pero si tienes el pelo corto no hay forma de que ese trabajo sea para ti. Lo que te quiero decir es que tienes un tiempo limitado y debes aplicarlo con buen criterio. Si puedes dedicarle media hora todos los días a tu cuenta de modelo, ve primero a por el tipo de fotos que te puede dar de comer y luego a por las aficiones. No te digo que no seas cortés, te digo que establezcas prioridades con tu tiempo.

Si quieres ser modelo de bikini-fitness, como muchas de las modelos que conozco en el mundo de la competición, ve primero a aquellas fotos en las que tu físico sea un punto a tu favor, ya que entonces rentabilizarás la inversión en dieta y ejercicio que estás haciendo. Luego, cuando hayas terminado, si te queda tiempo, ya habrá un momento para la cortesía con otros miembros de la red y las fotos de paisajes.

Recuerda que puedes interactuar de formas muy diversas con las fotos de otros miembros: puedes darle al botón de "me gusta" para una interacción rápida, puedes añadirla a tus favoritas si crees que destaca de la media o puedes dejar un comentario si te parece una foto que merece dedicarle un tiempo especial. Aplica un criterio en tres niveles:

* Dale a "like" a aquellas fotos que te gustan en general.

* Añade a "favoritas" las fotos que destacan por su calidad.

* Por un comentario a aquellas fotos memorables que te gustaría que te las hubieran hecho a tí.

Dicho de otra forma:

* Dale a "like" con las fotos que no te entusiasman, pero que contienen trabajos que puedes hacer.

* Añade a favoritas aquellas fotos que te parezcan profesionales y que entran en tu categoría de trabajos preferidos.

* Haz un comentario sólo en aquellas fotos que representan exactamente tu tipo de trabajo ideal, el que te gustaría hacer continuamente.

Podrías establecer otro criterio, no hay ningún problema. Sólo te estoy haciendo una sugerencia basada en prioridades de trabajo. Si crees que hay otro esquema que se ajusta más a las tuyas, hazlo, pero intenta ser coherente. Recuerda, no pongas "fotóooon!!!!" a todas las fotos que te encuentres.

Otra cosa, da prioridad a las fotos de aquellos que te puedan contratar; es decir, comenta antes las fotos de fotógrafos y estudios de producción que las de otras modelos. Otra vez tengo que recordarte que no estás aquí para hacer amigos, sino para ganarte la vida. La amistad, si es que tiene que llegar a darse, surge de la experiencia compartida, no de poner "likes" todos los días a las fotos de alguien.

Tareas semanales

Tu objetivo semanal es actualizar el book de forma regular. Por eso, una o dos veces a la semana tienes que subir una foto nueva al portafolio. Un error que cometen muchas modelos es subir de golpe varias fotos y luego tirarse dos semanas o un par de meses sin poner nada más. Dosifica las fotos que tienes y haz un plan para que siempre tengas "nevera" por adelantado. Nevera es el término que damos en el mundo editorial a esos artículos que tienes preparados, pero que no vas a publicar de inmediato. Se guardan para que si te falla algo puedas cubrir el hueco de inmediato. Lo suyo es que vayas haciendo trabajos de forma regular, pagados o de intercambio, y que dispongas de nuevas fotos para las actualizaciones. Pero si no fuera así, tienes que tener "nevera" disponible para mantener el ritmo de actualizaciones.

Según un estudio hecho por Bitly, que es una empresa especializada en proporcionar enlaces condensados, la vida media de una actualización en el muro de Facebook es de un par de horas. En YouTube duran un poco más y en Twitter "vuelan" en muy poco tiempo. Una comunidad de modelos no tiene el movimiento de una red social y, por tanto, la vida media durante la que una actualización es visible es un poco más larga; quizás de un par de días. Pero no son eternas. Eso quiere decir que si subes esas quince fotos que te han hecho en la última sesión juntas, o las ven en los dos días posteriores o no sirven casi para nada. Servirán si alguien va a propósito a consultar tu ficha, pero para que eso ocurra acuérdate que tienes que llamar la atención, hacer ver que existes, y si no tienes actualizaciones "a la vista" es difícil que ocurra.

¿Cada cuánto tiempo tienes que actualizar tu cuenta? Muy buena pregunta, que genera un montón de debates y estudios en los foros profesionales de marketing. La respuesta es que tienes que encontrar un equilibrio entre el ritmo al que eres capaz de generar contenido (cada cuanto tiempo tienes fotos nuevas) y el ritmo al que debes publicarlo para que no piensen que has desaparecido.

Una o dos actualizaciones diarias es una cadencia perfecta para una modelo que quiera entrar "en las grandes ligas" y cobrar por publicidad en su cuenta de Instagram. Pero para eso hay que tener una o dos fotos diarias DISTINTAS. Distintas no quiere decir una mirando de frente y la otra de lado en la misma sesión; quiere decir dos fotos distintas, de sesiones o situaciones diferentes. Tasha Oakley es una modelo de bikini y glamour de ese tipo y si quieres ver cómo se gestiona una cuenta profesional, échale un vistazo a cualquiera de las dos que tiene en Instagram, porque son perfectas. Por regularidad, contenido, calidad, diversidad… perfectas. Puedes encontrarla en:

* https://www.instagram.com/abikiniaday/ (su negocio).

* https://www.instagram.com/tashoakley/ (la personal).

Lo importante aquí es que debes ser regular y constante. Si estás empezando, tienes pocas fotos y con poca variedad, pues no pongas más de una actualización a la semana. Incluso a la quincena. Qué le vamos a hacer, ya irá mejorando la cosa. Más allá de quince días, tu perfil está muerto. Es mejor que pares un momento y que intentes acumular trabajo de colaboraciones e intercambios antes de retomar la promoción de tu book.

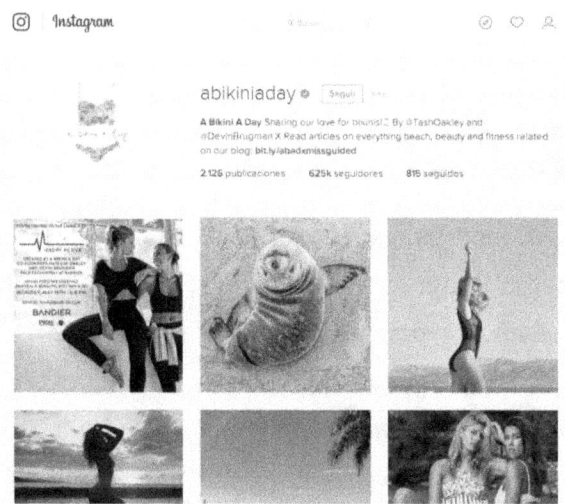

Mi sugerencia es que intentes poner, al menos, dos actualizaciones a la semana. Siempre los mismos días y más o menos a las mismas horas, para generar una rutina en tus seguidores. Sí, has leído bien, he dicho seguidores. Aunque seas una principiante, poco a poco habrá gente que te añada a sus contactos favoritos y reciba tus actualizaciones, igual que a va a pasarte a tí con los demás. Lo ideal es que fomentes una rutina en esa audiencia.

Es casi seguro que no se darán cuenta de forma consciente, pero de manera sutil irán acostumbrándose y en algún momento dirán "va siendo hora de que esta chica ponga su actualización semanal". Genial. Si eso llega a ocurrir estás generando "fidelidad", "engagement" como ponía en el embudo de marketing. Vas en el camino de ser una modelo profesional. La única diferencia será que poco a poco irás aumentando la regularidad de tus actualizaciones; a medida que hagas más trabajos reducirás los intercambios y tendrás material original de sobra para no tener que acudir a la nevera. Por eso es tan importante lo que te decía un poco más arriba: que siempre que hagas un trabajo o un intercambio te asegures de conseguir que te manden varias fotos de recuerdo.

Tareas mensuales

El objetivo mensual es renovar tu perfil continuamente. Si, ya sé que si haces lo que hemos visto hasta ahora estarás subiendo fotos continuamente, pero no me refiero a eso. Eso es "actualizar", no "renovar". La renovación consiste en hacer pequeños (o grandes) cambios que mantengan el interés sobre tu persona. Vas a comprender este concepto de inmediato si piensas en grandes artistas de la auto-renovación, como Madonna o David Bowie. Recuerdo que hace unos años compré el CD de Madonna GHV2, que era una recopilación de los trabajos que había hecho en los primeros 20 años de su carrera profesional. El interior del cuadernillo del disco estaba ilustrado con una enorme colección de retratos de la cantante, que recogía todos los cambios de imagen que había tenido en ese tiempo. Impresionante. Madonna siempre parece Madonna, siempre hay algo en ella que mantiene su personalidad, pero es realmente camaleónica. No es sólo el pelo, que puede tenerlo largo, corto, rubio, negro o decolorado. Es todo, la indumentaria, la estética, la expresión. Madonna, como Bowie, se reinventan continuamente para seguir siendo los mismos: artistas creativos.

Eso es lo que tienes que conseguir tú. Lo que es esencial de tí puede ser tu mirada, tus proporciones, tus curvas, tu manera de andar o sonreír. Lo que debe cambiar es tu adaptación al trabajo, tu versatilidad. De todos los errores que he podido señalarte en este libro, uno de los más perjudiciales para ti es tener uno de esos books que tienen muchas modelos, tanto principiantes como expertas, lleno de retratitos en primer plano. Incluso conozco alguna que siempre tiene la misma expresión y pose, de verdad.

Tu renovación mensual tiene que tomar dos caminos: la renovación de la página y la renovación de tu repertorio de trabajos. Lo primero es sencillo, sólo tienes que elegir una imagen de cabecera nueva y cambiar la que tienes en el perfil de Litmind. No me refiero al avatar, a tu retrato, sino a la imagen de fondo que hay detrás del avatar. Elige una nueva imagen horizontal que represente el tipo de trabajo ideal que buscas y cámbiala. Con eso conseguirás darle "vida" a tu página, más allá de las fotos que vayas subiendo.

Lo segundo, la renovación del repertorio, exige un poco más de trabajo. En este caso se trata de que busques lo que no tienes, lo que no has hecho. Si, por ejemplo, eres modelo de peluquería, cada mes deberías pensar qué tipo de trabajo es el que todavía no tienes en tu book. Puede ser que no tengas moños, o tocados, o fotos con sombrero. Lo que sea. Seguro que hay un montón de posibles trabajos que aún no te han llegado y que podrían formar parte de tu book. De todas las ideas que puedan pasarte por la cabeza, coge una y haz todo lo que puedas por ponerla en práctica. Eso quiere decir buscar colaboradores para montar una sesión de intercambio. En las comunidades hay mucha gente en distintas fases de su carrera, como tú. Algunos están empezando y otros ya están plenamente establecidos. El tema de las colaboraciones es algo a lo que siempre debes estar abierta, aunque su peso irá cambiando a medida que avances en tu vida profesional. Al principio harás muchas, para crearte un buen book, y poco a poco irás dejándolas de lado porque no tendrás tiempo. Sencillamente, llega un momento en que hay que dejar las colaboraciones para atender los trabajos pagados. Y eso es lo que tiene que pasar.

No te preocupes, por tanto, de lanzar propuestas a través de los foros de la comunidad. Puedes hacerlo de muchas formas: puedes poner un mensaje en el tablón de anuncios o puedes enviar una propuesta directa a aquellas personas que hayan indicado en su perfil que están abiertas a los intercambios. Si cada mes añades algo nuevo a tu repertorio de trabajo, ya sea de trabajos que te han encargado o de proyectos de colaboración, en un año deberías tener un book muy diverso, que es lo que te interesa.

Una última forma de renovación es repasar las fotos que tienes en el portafolio y eliminar aquellas que sean más antiguas o tengan menos aceptación. Recuerda que las comunidades suelen poner un límite al número de fotos que puedes subir, por lo que siempre llegará un momento en que ya no tengas espacio para más y tengas que eliminar alguna. Lo mejor es que sigas un criterio objetivo, como por ejemplo aquellas que no hayan alcanzado un número mínimo de "likes" o visitas. Ya sé que es muy difícil que borres esa-foto-que-te-gusta-tanto, aunque parezca que no le gusta a nadie más que a ti, pero intenta ser un poco fría y recordar (como siempre) que no es tu álbum personal de recuerdos, sino un perfil profesional para ganarte la vida. Todo lo que no apoye tu objetivo de marketing, debe eliminarse. Si una foto no genera interés, por mucho que te guste, debes quitarla.

Tareas no planificadas

Hay algo que no hemos visto en los tres apartados anteriores y sobre lo que puede que te estés preguntando. ¿Cuándo dedicas tiempo a responder a los castings y las propuestas que te llegan? La respuesta es "en cuanto lleguen". Lo que pasa es que este es un tipo de tarea "reactiva", no puedes planificarla. No es posible saber cuándo va a llegarte una proposición de trabajo o cuándo se va a publicar un casting.

Lo normal es que tengas una alerta configurada para que te llegue un mensaje al buzón de correo electrónico cada vez que ocurre una de estas cosas. Litmind, además, tiene un sistema de alertas en el sitio web que te muestra un aviso en la parte superior cuando te llega un correo o cuando una de las personas a las que sigues ha hecho una actualización.

Así que la respuesta es que deberías mirar los castings todos los días. Más bien es que deberías estar atenta a ver si ha llegado un casting o un mensaje todos los días y responder de inmediato cuando aparezca uno. Aun así, como es posible que algo se te pase por alto, es una buena costumbre echar un vistazo semanal a la sección de castings de las comunidades en las que estés dadas de alta.

Por el mismo motivo, no está de más que le eches un vistazo a los portales de empleo en los que te hayas inscrito. No sé si te acuerdas, pero esto es algo de lo que ya te hablé al principio del libro. Un portal como Infojobs no es el mejor sitio para buscar trabajo de modelo, pero de vez en cuando algo cae y puedes crearte una cuenta exactamente igual que en Litmind o Model Mayhem, creando una alerta para que te lleguen mensajes si sale alguna oferta con la palabra "modelo". Haciendo una prueba, yo he encontrado varias ofertas para modelos de patronaje, que son las que se prueban las prendas para ajustar los patrones de costura.

No se lo mismo que desfilar bajo los focos de una pasarela de moda internacional, pero es trabajo.

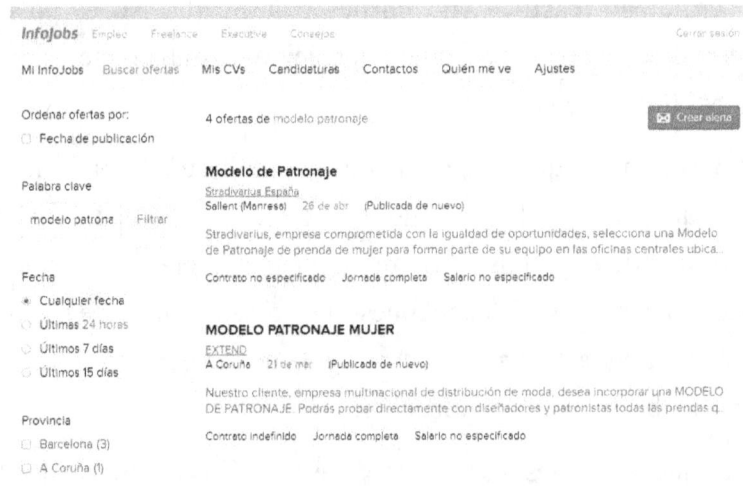

En resumen...

Este ha sido un libro con pocas capturas de pantalla, porque lo importante era saber por qué tienes que hacer las cosas y organizarte para alcanzar el éxito. Te lo dije al principio: una herramienta es tan útil como la persona que la maneja y si esa persona tiene una buena motivación, el éxito está casi garantizado. Algunas ideas importantes que me gustaría que recordases:

* Tu valor reside en tu capacidad de resolver problemas a los demás; céntrate en saber explicar qué es lo que aportas mediante un portafolio diverso en el que se pueda apreciar tu talento como modelo.

* La actividad de marketing es una serie de procesos que sirven para encauzar el tráfico de gente que llega a ver tu perfil hacia la conversión de ofertas en contratos (CONVERT) y la conversión de clientes en recomendaciones (ENGAGE). Todo lo que hagas debe ir encaminado a ese objetivo.

* Tu crecimiento profesional tiene que ser progresivo y constante. Empieza con intercambios para hacerte un book inicial y busca poco a poco ir incrementando el porcentaje de trabajos remunerados, hasta que los intercambios sólo sean una oportunidad de añadir cosas originales a tu portafolio.

* No tienes que hacer muchas cosas, pero tienes que hacerlas a diario y con cuidado. Por eso no puedes dispersar tus esfuerzos en muchas comunidades y redes sociales distintas. Elige aquellas que encajen mejor con tu perfil y objetivos de trabajo, basándote en métricas objetivas como el número de fotógrafos o castings que se publican.

* La determinación es la clave del éxito. No hay otra forma de conseguir lo que te propones de forma estable y segura que dedicar todos los días un poco de tiempo a tu objetivo.

* Tu plan debe estructurarse en cuatro tipos de tareas: diarias, semanales, mensuales y reactivas o no planificadas.

* Tu objetivo diario es mantener la interacción con otros profesionales del sector y atraer la atención hacia tu perfil. Eso se consigue mediante la interacción a través de "likes" y comentarios en los trabajos y actualizaciones de los miembros de tu comunidad.

* Tu objetivo semanal es actualizar tu portafolio con trabajos que muestren tu diversidad y profesionalidad, dentro de los 2 o 3 tipos de trabajo que hayas definido para tu perfil profesional. Eso se consigue publicando de forma constante y regular una o dos fotos nuevas a la semana, siempre en los mismos dúas y más o

menos a la misma hora, para generar una expectativa en tus seguidores.

* Tu objetivo mensual es renovar tu imagen, para no quedarte estancada. Si no te llegan propuestas, no te quedes cruzada de brazos. Piensa en ideas que puedan faltar en tu repertorio de trabajo y propón colaboraciones e intercambios a otros miembros de la comunidad para ponerlas en práctica. Todo el mundo tiene que empezar y esta es una buena forma de construir el book que a tí te interesa.

* Las tareas reactivas son aquellas que no puedes planificar, pero que tienes que atender. Responde a todas las propuestas que te lleguen de forma inmediata y aprovecha una vez a la semana para repasar los muros de convocatorias y castings de las comunidades en las que estés dada de alta, así como aquellos portales de empleo en los que puedan aparecer ofertas de trabajo para modelos.

Conclusión

Hemos llegado al punto en que, si todo ha ido bien, casi deberías dejar el libro encima de la mesa y correr al ordenador a empezar a aplicar todo lo que hemos visto aquí. El mundo de la fotografía y el modelaje es especial, como casi todo lo relacionado con la creatividad. Todos jugamos un papel en esto; el mío es estar sujetando la cámara, colocando las luces y promocionando modelos. El tuyo puede que sea el de aportar tu imagen y encanto a las producciones. Otras personas consiguen aplicar maquillajes de fantasía o peinados de ensueño al conjunto. El resultado suele ser memorable si te juntas con gente adecuada y profesional. Y lo mejor es que te puedes ganar la vida con ello.

No te engañes. Muy pocas lo consiguen. Hay mucha competencia y el mercado laboral está mal, por lo que tu primera etapa tiene que estar encaminada a descubrir si de verdad este es tu mundo y qué potencial puedes alcanzar. Nadie va a cuidar de ti como tu misma. Nadie va a poner el mismo empeño que tu en alcanzar tus sueños, por lo que en este libro he tratado de proporcionarte el conocimiento, herramientas y planificación necesarios para que empieces sin tener que deberle nada a nadie ni realizar una inversión injustificada en algo que, de momento, es un sueño que hay que alimentar y cuidar.

Pero la recompensa es enorme. Si lo consigues, si lo haces todo bien y te mantienes constante, al final podrás levantarte cada mañana para vivir una de las mayores satisfacciones que se pueden tener en la vida: trabajar en aquello que te gusta.

Habrá más libros en el futuro inmediato para contarte más cosas que espero que te resulten de utilidad. Mientras tanto, sería para mí una gran satisfacción que me escribieras con los resultados que vayas consiguiendo. Vamos, y me darías una alegría si alcanzaras tus sueños siguiendo alguno de los consejos que te he dado aquí, así que no te cortes lo más mínimo en buscarme por Facebook, Litmind o cualquiera de las comunidades en las que estoy dado de alta para mandarme un par de líneas y compartir tu camino. Tienes los enlaces en la introducción.

Deja ya este libro aparte, repásalo si te hace falta en algún momento, y lánzate a por tu sueño.

¿Qué haces? Que empieces ya :-)

Besos y mucha suerte.

Tato Morales

Madrid, Mayo de 2016

Apéndice

Algunas comunidades para empezar

A lo largo del libro hemos ido mencionando algunas comunidades con las que puedes empezar a trabajar. Decirte de forma categórica que unas son mejores que otras sería un error, porque eso depende un poco de cómo te muevas y a qué tipo de público te diriges. Litmind está bien para intercambios, fotografía creativa y algo de moda, aunque creo que Model Mayhem es el sitio en el que hay que estar si quieres moverte a nivel internacional y hacer glamour.

A continuación te incluyo un breve comentario de cada una de ellas y un cuadro comparativo de algunas métricas que pueden ayudarte a decidir, como el número de fotógrafos y agencias que puedes encontrar.

Las que vamos a ver son:

* Entre Modelos

* Fotoplatino

* Litmind

* Model Management

* Model Mayhem

* No solo top

* One Model Place

Entre Modelos

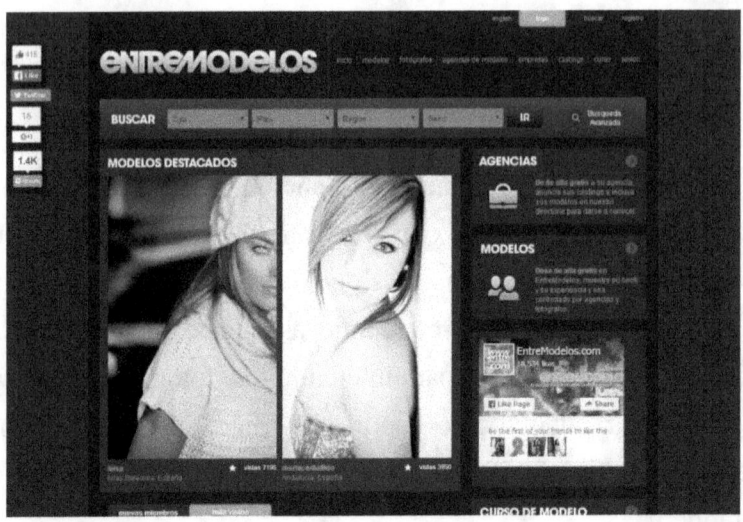

De Entre Modelos sólo sabemos que pertenece a un tal Javier. Y no porque aparezcan sus datos en la página, sino porque al pie de la misma tiene puesto un anuncio en el que indica que se vende el dominio y que recibe ofertas en una dirección de correo con ese nombre. En principio el sitio no está mal, tiene un buen diseño y hay una abundante comunidad de fotógrafos, que asciende a unos 2.400 miembros. O sea que tienes posibilidades de encontrar ofertas. Hay algunos castings, cinco en el momento de hacer el estudio, y algo de actividad, pero no parece muy movido.

Le penaliza el diseño de la ficha, que sólo permite subir dos fotos en el perfil básico, y la ausencia de un blog u otras herramientas de actualidad. Entre Modelos parece más bien un vehículo de ventas para un libro en PDF escrito quizás por el propietario, sobre cómo hacerse modelo, que se puede comprar por 16 € en el mismo sitio Web. Tiene blog, pero está casi muerto, con sólo 4 actualizaciones.

Mi opinión: pruébalo, pero si no te da resultado en un par de meses no pierdas más el tiempo con él.

Web: http://www.entremodelos.com/

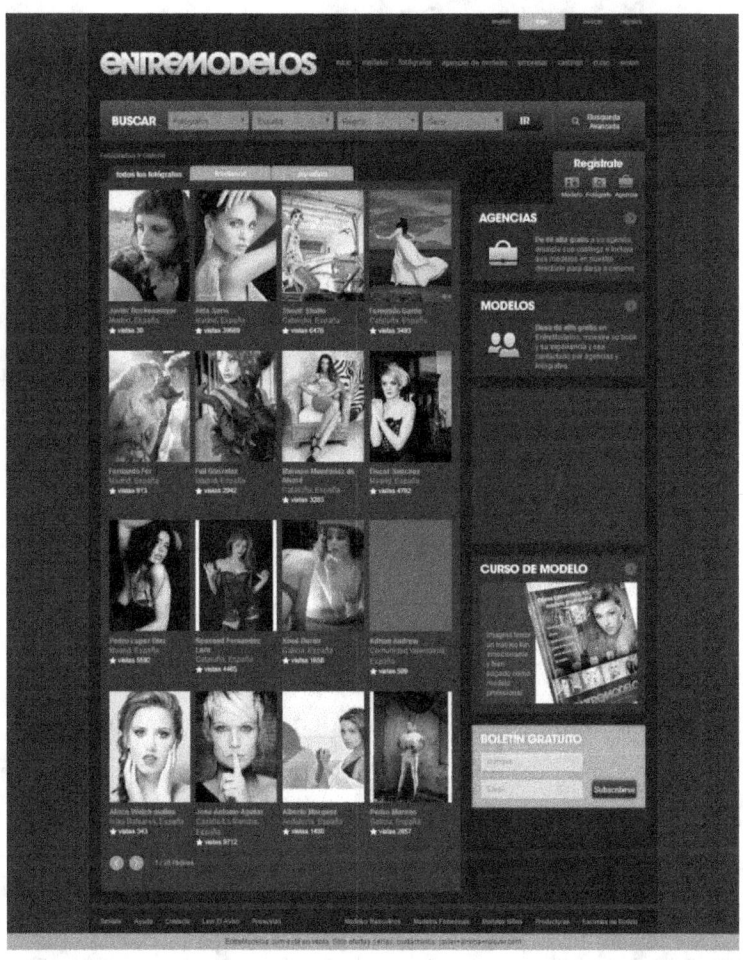

Fotoplatino

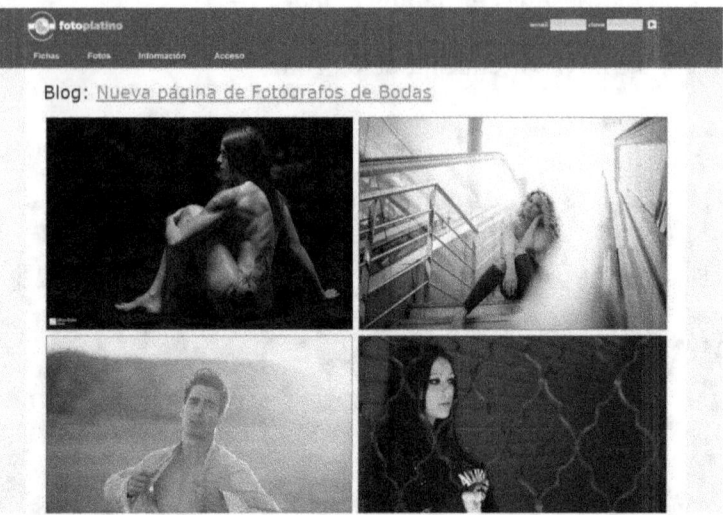

Quizás sea la segunda mayor comunidad de fotógrafos y modelos en España, con más de 6.000 fichas dadas de alta y unas 250 agencias. En su lema dicen que es una comunidad de fotografía de moda, aunque se pueden encontrar fotografías de desnudo, retrato y glamour.

A su favor tiene el gran número de fotógrafos y que es de las más serias y transparentes en el tema de tratamiento de datos, ya que es casi la única en España que identifica completamente a los propietarios, una empresa de Las Rozas. En contra tiene un mal diseño del sistema de búsquedas, que no es que sea lo mejor del mundo, y el sistema de admisión que tiene, por invitación. Eso quiere decir que para darte de alta tienes que conseguir que alguien que ya está dentro te mande un código, lo cual frena a mucha gente y puede propiciar algo de "amiguismo" en las relaciones.

Tiene un blog, aunque se actualiza poquísimo. Sólo 5 o 6 veces en los últimos dos años. Lo que no tiene es sección de castings, aunque puedes ver el listado de cursos y seminarios que se convocan. Piensa que en todos ellos necesitan modelos para dar las clases.

Mi opinión: hay opciones más interesantes, déjalo para más adelante, cuando hayas arrancado.

Web: http://www.fotoplatino.com/

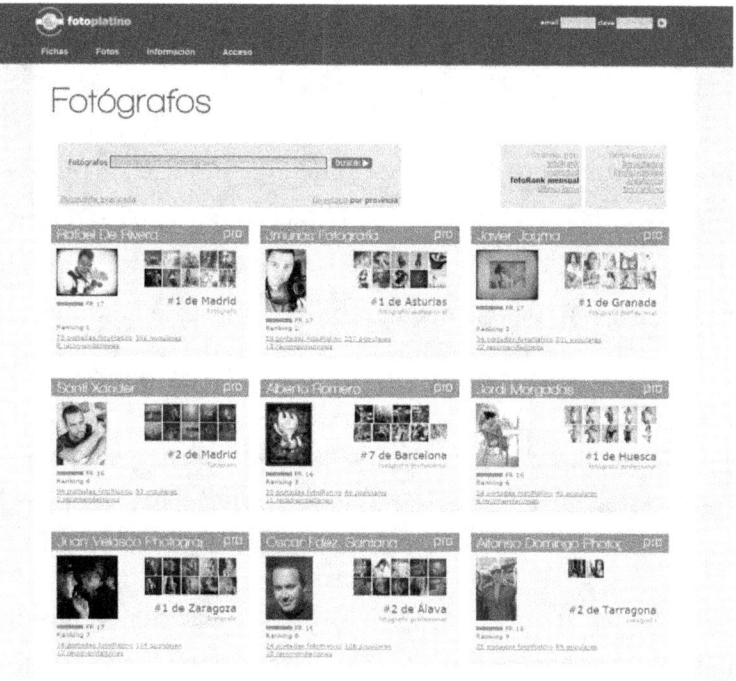

Litmind

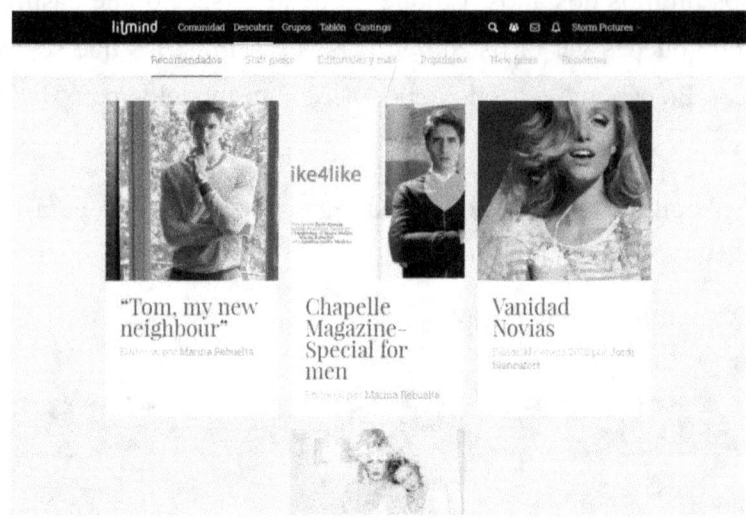

Si Fotoplatino puede ser la segunda comunidad de modelos y fotógrafos, Litmind ocupa el primer lugar, con 8.000 fotógrafos y agencias dados de alta. El sitio ha atravesado varias etapas, empezando hace más de una década con el nombre de Fotopunto, que cambiaron hace 5 ó 6 años. En todo este tiempo han ido mejorando e introduciendo funciones bastante interesantes, entre las que yo destacaría el sistema de mensajería interna y la gestión de los perfiles, aunque se podría mejorar la búsqueda de mensajes antiguos.

Otro punto fuerte son los castings. Suele tener bastantes, aunque muchos son de intercambio. Pero bueno, de todo tiene que haber, es normal. También salen cosas de trabajo y en el momento de escribir estas líneas hay más o menos una oferta al día; o sea, unas 30 al mes.

Tienen un blog, pero como en otros sitios está casi muerto, con poco más de 10 actualizaciones en los últimos dos años.

Mi opinión: Imprescindible, dada la cantidad de gente que se mueve por aquí, la oferta económica y la calidad de las herramientas, es uno de los mejores sitios para que empieces.

Web: http://es.litmind.com/

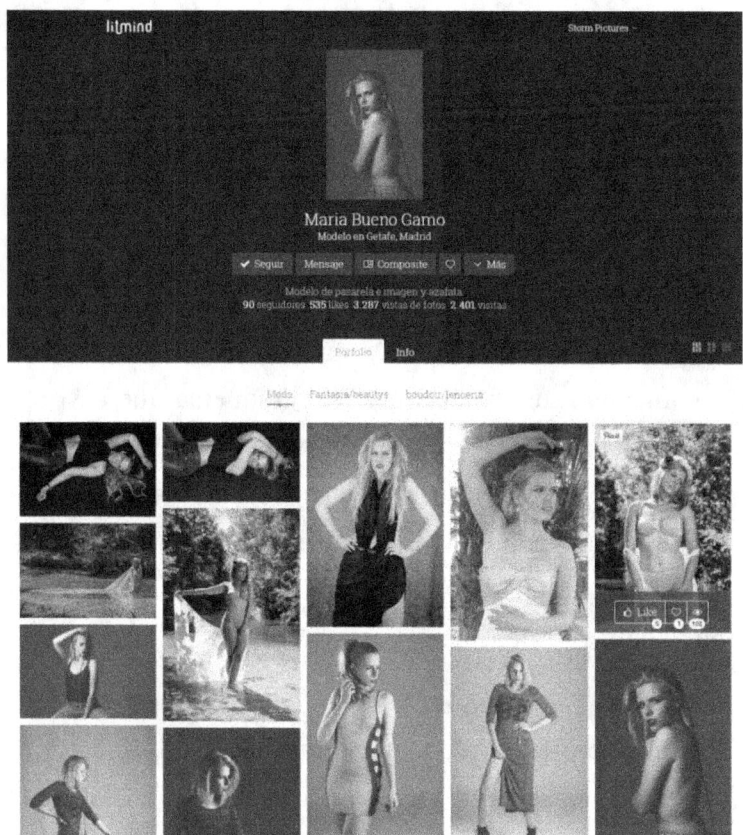

Model Management

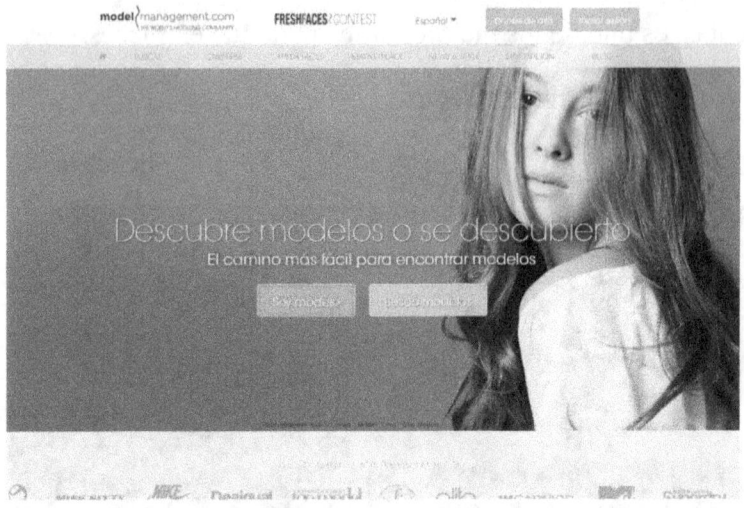

Esta es la primera de las tres comunidades internacionales que voy a comentar, aunque está tan bien traducida que casi parece española. Tiene una base de datos moderada, con unos 1.300 fotógrafos y 200 agencias en España, lo cual hace que se otra buena opción para buscar oportunidades e intercambios. El diseño es bonito, aunque un poco confuso al principio. No tiene tantos castings como Litmind, pero tiene más de la media, unos 20 al mes.

Lo mejor de este sitio es que es un buen equilibrio entre exposición nacional e internacional, ya que puedes encontrar otros 3.000 fotógrafos y agencias entre Reino Unido y Estados Unidos. Es decir, no ocupa el primer puesto en ningún país, pero tiene una presencia decente en la mayoría, lo que quiere decir que no tienes que andar dándote de alta en varios sitios para hacer tus primeros pinitos por ahí fuera.

Tiene un blog y muy bueno. De hecho puede que sea el mejor de todos, pero está en inglés.

Mi opinión: una buena opción como segunda o tercera cuenta, ya que te sirve en España y fuera de ella.

Web: http://www.modelmanagement.com/

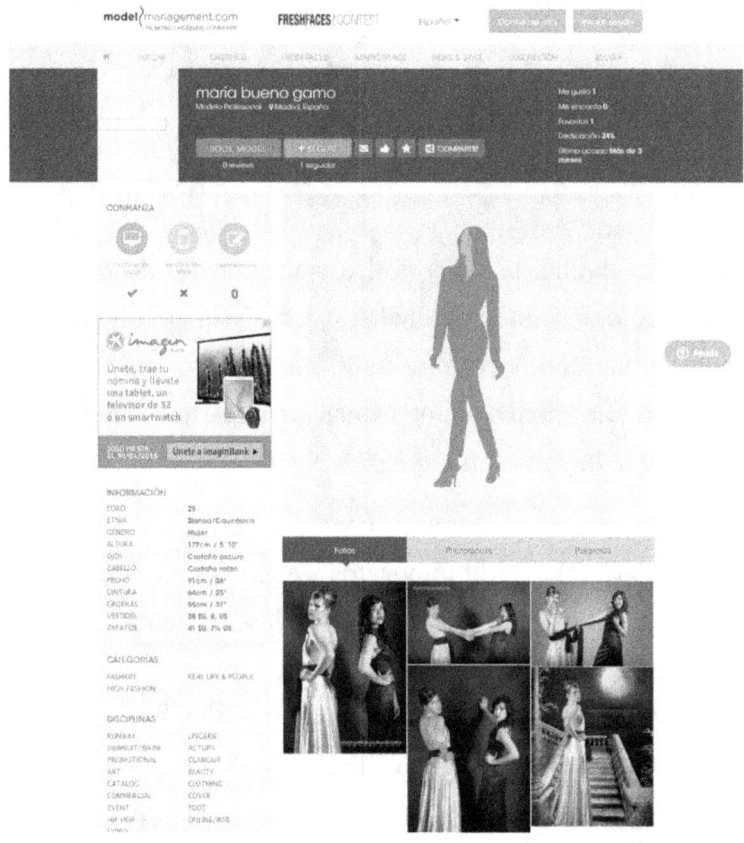

Model Mayhem

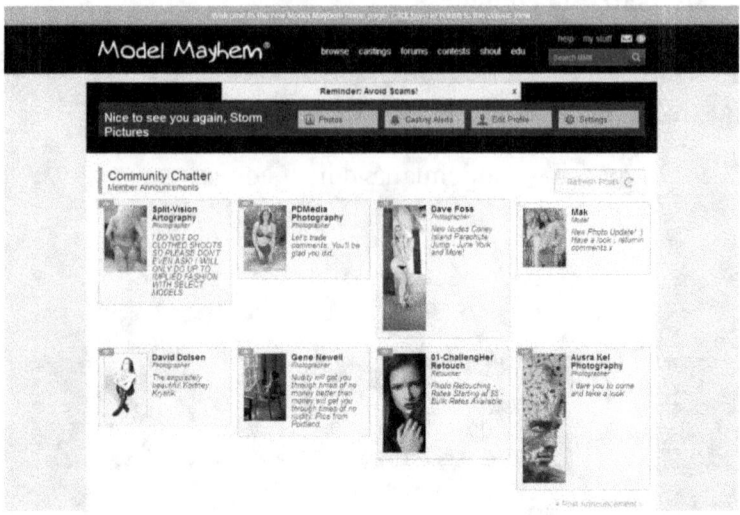

Sin duda alguna, la reina de las comunidades de modelos, si buscas proyección internacional. En España tiene una presencia bastante pobre, con poco más de 800 fotógrafos, pero aún así se las arreglan para poner tantos o más castings que otras comunidades, así que hay movimiento.

Lo gordo está en el extranjero, ya que tienes acceso a un conjunto de (agárrate) 13.000 fotógrafos y agencias en Reino Unido y 97.000 en Estados Unidos. Si juntas todas las demás, no encontrarás tantos como aquí. Claro, eso se consigue a costa de abrir un poco la mano. Donde Litmind tiene una política bastante estricta de prohibición de desnudos, en Model Mayhem forman parte del paisaje. No es ni bueno ni malo, simplemente es que un tipo de trabajo que tienes que decidir si te interesa o no.

Tienen blog, muy interesante, pero está en inglés. El resto del diseño es un poco anticuado, no es adaptativo a la pantalla del móvil y esas cosas, así que no pienses en usarlo en el móvil. Como mucho en la tableta o en un fablet de bastantes pulgadas.

Mi opinión: obligatorio si piensas salir fuera de España. Es anticuado e incómodo, pero da trabajo, que es lo que importa.

Web: http://www.modelmayhem.com/

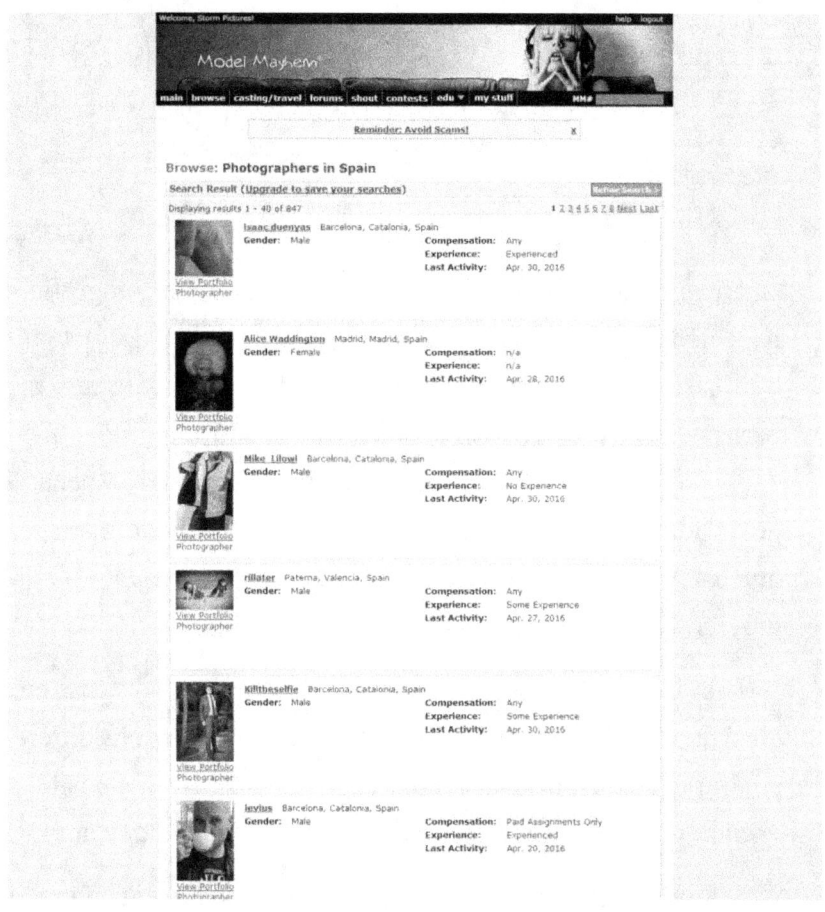

No Solo Top

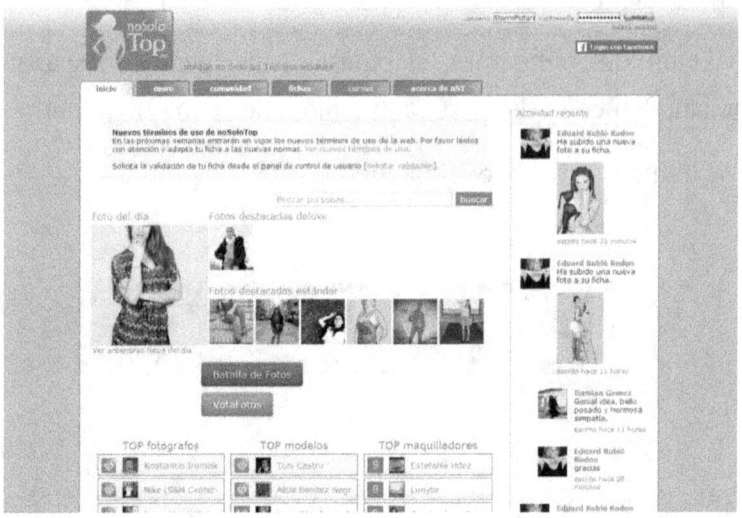

Una iniciativa personal de dos aficionados a la fotografía, que hace años llegó a tener bastante movimiento. Por desgracia, hoy está casi muerta. Las actualizaciones de los dos últimos meses pertenecen casi en exclusiva a dos de los 215 fotógrafos que hay dados de alta. No hay castings, ni cursos, ni blog. Apenas hay novedades y las fichas son un poco complicadas de manejar, ya que es otro de los sitios que no tienen diseño adaptativo para el móvil.

Una lástima, porque es una comunidad orientada casi en exclusiva a los intercambios, donde hace tiempo no era difícil encontrar gente dispuesta a ayudar en los inicios. Hoy es posible que encuentres más fotógrafos en un foro de Facebook que aquí.

Mi opinión: La he puesto porque puede que la encuentres y te preguntes si vale la pena. La respuesta es no.

Web: http://www.nosolotop.com/

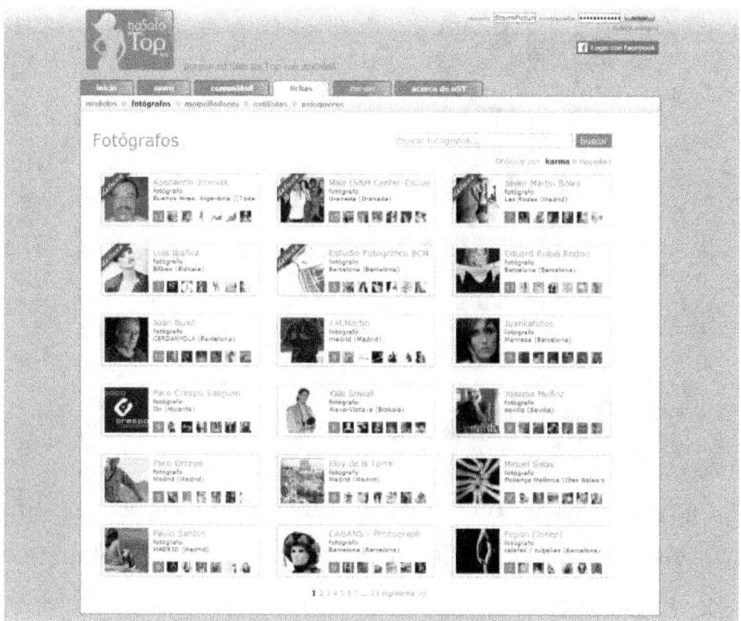

One Model Place

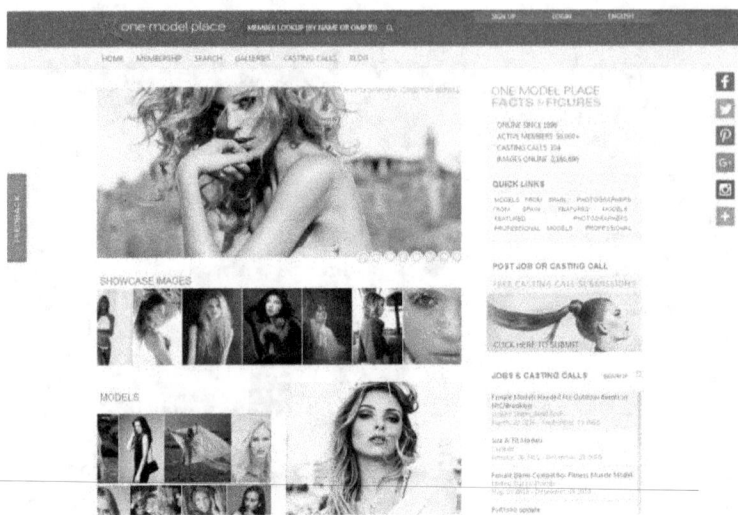

La tercera de las comunidades internacionales y la última de nuestra lista. One Model Place es, junto a Model Mayhem, uno de los sitios más interesantes y longevos para modelos. Yo empecé a usarlo en 2003 y nunca he tenido un solo problema. Bastante fácil de usar y muy completo. Quizás demasiado. Quiero decir que hay 4 o 5 categorías distintas de fotografía de glamour, otras 6 o 7 de moda, etc. Organizar tus fotos puede ser un poco complicado si tratas de encontrar la palabra precisa para designar lo que haces.

En España no sirve para nada, ya que sólo hay 11 fotógrafos dados de alta y no se publica ningún casting, pero si piensas salir y hablas inglés, es tu segunda o tercera opción.

Tiene un blog bueno, pero descuidado. En su momento llegó a tener una revista impresa, OMP Xposure, que cerró en el 2010. Aunque no llega a los números de Model Mayhem, ya que sólo tiene 3.000 fotógrafos entre Reino Unido y Estados, no te dejes engañar. Mira bien los perfiles, porque no verás muchos de aficionado. Es una de las comunidades más profesionales que hay.

Mi opinión: Si piensas salir, es otra de las imprescindibles.

Web: http://www.onemodelplace.com/

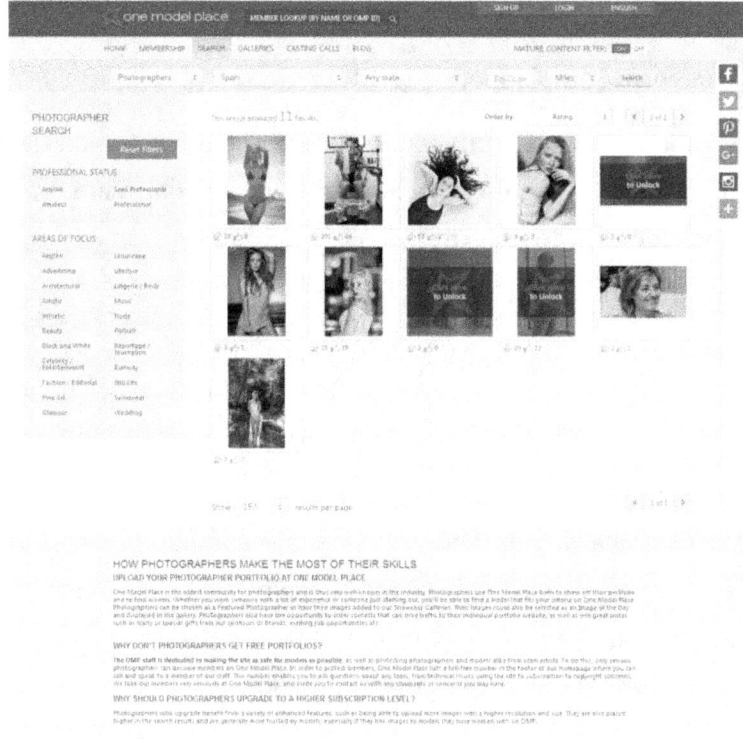

En resumen...

Hay dos grandes posibilidades: que quieras salir de España o no, que también está relacionado con el nivel de inglés que tengas.

Primer escenario: no hablas inglés o no quieres salir. En este caso, mi recomendación es que te apuntes a estas tres:

* Primero, Litmind.

* Segundo, Model Management.

* Tercero, Fotoplatino.

Segundo escenario: entiendes inglés o tienes voluntad de hacerlo y planeas salir a medio o largo plazo a trabajar fuera. En este caso, te recomiendo estas tres:

* Primero, Litmind.

* Segundo, Model Mayhem.

* Tercero, One Model Place.

Es decir, para mí Litmind es la opción fija y el resto dependen de que entiendas inglés o no y quieras salir a trabajar fuera. Model Management es casi también una opción fija en segundo lugar para ambas situaciones. Echale un vistazo y decide por ti misma si te gusta y encuentras buenas oportunidades.

Cuadro comparativo

A continuación te incluyo un cuadro de resumen con algunas métricas y datos que considero interesantes. Si buscas por tu cuenta es posible que los números no coincidan porque Internet es un sitio en continuo movimiento, pero creo que, en general, las proporciones y relaciones entre ellas seguirán siendo las mismas. No intenta ser un cuadro exacto, sino orientativo. En caso de duda,coteja las cifras por ti misma.

Comunidad	Fotógrafos	Agencias	Castings	Blog
Entre Modelos	685	1.408	13	Si
Fotoplatino	6.084	14	No	Si
Litmind	±10.000	97	87	Si
Model Management	31.672	7.684	670	Si
Model Mayhem	290.223	44	10.921	Si
No solo top	215	-	No	No
One Model Place	3.182	205	173	Si

Publicidad

Este manual no abarca todas las operaciones de marketing necesarias para llevar adelante tu carrera como modelo. Para eso puedes leer otros libros que vamos publicando en esta misma colección o, si vives en España, venir a alguno de los seminarios que organizo a través del sitio escuelademodelos.eu. Además, en esta Web publicamos de forma regular análisis de productos y recomendaciones para tu trabajo, junto a otras colaboradoras que aportan su propia experiencia.

Otros títulos de la colección en preparación o en distribución:

* Marca personal para modelos. Define tu imagen y haz el book perfecto para defenderla.

* Guía de poses básica. Domina las técnicas fundamentales del posado para empezar como modelo.

* Seguridad en Internet para modelos. Un manual práctico para defenderte de los riesgos de comunidades y redes sociales.

Sigue las novedades y convocatorias en:

* Nuestra web: http://www.escuelademodelos.eu/

* Facebook: http://bit.ly/1ThjhcU

* MeetUp: http://bit.ly/1Thjz3r

Referencias

[1] Mallol, Eugenio, and Adolfo Plasencia. "Debes Saber Que Si Un Servicio Es Gratuito El Producto Eres Tú." *El Mundo*, November 28, 2014. http://www.elmundo.es/economia/2014/11/28/547772eee2704e295e8b457d.html.

[2] "One Model Place | Models Membership." Accessed May 4, 2016. http://www.onemodelplace.com/content/membership-models.html.

[3] "Facebook Earned Record Profits in 2015 | The Verge." Accessed May 4, 2016. http://www.theverge.com/2016/1/27/10853040/facebook-earnings-q4-2015.

[4] "Alexa | Facebook.com Site Overview." Accessed May 4, 2016. http://www.alexa.com/siteinfo/facebook.com.

[5] "Top 20 Facebook Statistics - Updated March 2016." Accessed May 4, 2016. https://zephoria.com/top-15-valuable-facebook-statistics/.

[6] "Alexa | Litmind.com Site Overview." Accessed May 4, 2016. http://www.alexa.com/siteinfo/litmind.com.

[7] "Alexa | Fotoplatino.com Site Overview." Accessed May 4, 2016. http://www.alexa.com/siteinfo/fotoplatino.com.

www.ingramcontent.com/pod-product-compliance
Lightning Source LLC
Chambersburg PA
CBHW071820200526
45169CB00018B/487